욥의 고백으로 읽는

욥의 고난일기

- 이제 저는 욥기 42장의 인생으로 평생 살아갈 것입니다! -

윤남옥

메누하

욥의 고백으로 읽는
욥의 고난일기

초판인쇄   2011년 8월 29일
초판발행   2011년 8월 31일

지 은 이   윤남옥
펴 낸 이   박주경
펴 낸 곳   도서출판 메누하

등록번호   126-91-20214
주   소   서울시 종로구 이화동 184-3
전   화   070-8851-7578
총   판   도서출판 진흥 (02)2230-5155
홈페이지   http://cafe.daum.net/bride23
e-mail   yunnamok@gmail.com

ISBN 978-89-967146-1-3

정가 10,000원

들어가면서

　성경에서 제일 이해가 되지 않았던 책이 저에게 있었다고 한다면 그것은 욥기였습니다. 물론 에스겔, 다니엘, 요한계시록도 저에게는 무척 어려운 책들이었습니다. 그런데 욥의 고난에 대한 책은 여전히 저에게는 풀리지 않는 책이었습니다.

　제가 어느 교회의 교사 수양회를 인도하는데 한 청년이 와서 도전적으로 이렇게 말했습니다. "목사님, 욥의 하나님은 너무 부당하지 않아요? 욥이 잘 믿고 하나님께 신실하게 살았더니 고작 하나님이 하시는 일은 그 욥을 사탄에게 내주어서 시험을 받게 하시는 거예요? 저는 그런 하나님, 믿을 수 없어요. 그렇게 부당한 하나님이시라면 저는 애초에 믿지 않겠어요." 그 청년은 집회 중에 집으로 돌아가 버렸습니다. 끝까지 욥에 대해 들었어야 했는데, 그 청년은 욥기 1장에서 하나님에 대한 부당함을 들어 하나님을 대적하며 집회 장소를 떠나버렸습니다.

그런 청년에게 욥을 어떻게 설명할 수 있을까요? "의인이 왜 고난을 받습니까?"라는 질문을 하는 청년은 계속 나올 것입니다. 의인이 고난을 받아야 하는 것이라면 애초 의인이 되지 않겠다고 나오는 청년들의 논리에 어떻게 대응해야 하겠습니까?

그러던 중 하나님은 저에게 욥기서를 열어주셨습니다. 그래서 저는 이 욥의 하나님을 부당하다고 생각하는 사람들을 위하여 쉽게 이해할 수 있도록 욥이 고백하는 욥의 일기를 써 내려가기 시작하였습니다. 실상 '이렇게 쓰는 것이 성경적이냐'를 질문하는 분들이 많을 것이라고 봅니다. 사실 성경에 나오는 이야기가 아닌 것들도 상상력을 동원하여 욥을 일인칭 고백 드라마 주인공으로 만들어보았습니다. 이것은 흔히 말하는 야사野史일 수도 있고, 아니면 욥의 또 다른 픽션fiction일 수도 있습니다. 그래서 이 글을 오래 전에 완성하였지만 세상에 내어놓기를 주저하였었습니다.

그러나 제가 다시 이 글을 읽으면서 많은 감동을 받았습니다. 그리고 이 글을 모두에게 읽혀지게 해야겠다는 마음이 불 일듯 일어났습니다. 저는 이 책에서 욥기가 진정으로 의미하는 바가 무엇인지 찾아가보려고 합니다. 성경적 상상력과 일반적 상상력, 그리고 흔히 있을 수 있는 감정의 상상력들을 동원하여서 이 시대에 고민하는 욥으로 재조명하여 보았습니다. 제가 깨달은 구속사적 성경강해, 내적 치유, 화육적 영성 등이 이 글 안에 녹아 들어가 있습니다. 이러한 일인칭 욥기의 고백이 "왜 의인이 고난 받느냐?"라고 질문하면서 하나님을 부당한 하나님으로 이해하는 사람들의 마음에 '아하!' 하고 깨달음을 주는 사건으로 다가갈 수 있기를 기도하고, 기대하면서 이 글을 써 내려갑니다.

저는 이 책에서 욥의 주제를 "왜 의인이 고난을 받습니까?"라는 것이 아니고 지혜문학의 입장에서 보려고 합니다. 욥기는 지혜문학입니다. 지혜의 근본은 하나님을 아는 것입니다. 욥기의 저자는 욥기를 통하여 하나님을 알기를 원하였던 것 같습니다. 하나님Ground of being을 아니까, 나 자신being을 알게 되고, 또 내가 무엇을 해야 하는지doing, 또 네가 누구인지 알게 됩니다. 이것이 지혜 중의 지혜라고 생각합니다. 이 지혜를 알면 "자유하게 되리라"요 8:32고 믿습니다.

욥이 발견한 것은 창조주 하나님, 그리고 그분만이 의롭다고 주장하실 수 있는 유일하신 분이시라는 사실이었습니다. 그래서 그분은 그분이시므로 찬양과 경배를 받기에 합당하신 분이라는 것을 체험합니다. 비록 그 하나님께서 먹을 것과 입을 것과 재산을 두루 주시지 않는다고 하여도 그분은 마땅히 찬양받으셔야 하는 분이십니다. 그분은 거룩하신 분이시며, 어느 누구와도 비교가 되지 않는 절대적인 의인이십니다. 욥이 발견한 것은 그러한 절대적 의인 앞에서 자신이 죄인이라는 사실을 발견한 것이며, 자신이 무엇을 하기 위하여 이 세상에 태어났으며 선택을 받았느냐를 발견한 것이었습니다. 그래서 그는 참으로 자유하게 되었습니다.

저는 여러분들이 이 책을 통하여 그러한 욥의 절규, 그리고 욥이 찾은 것, 욥이 누리게 된 것이 무엇인가를 발견하게 되기를 바랍니다. 그래서 욥기를 읽음으로 하나님으로부터 멀어지는 사람이 아니라 더욱 그분을 찬양하며 높여드리게 되기를 기도합니다. 작은 책자이기는 하지만 '아하'의 사건이 여러분에게 모두 임하기를 기도합니다.

2011년 여름에
서울 양재동에서

윤남옥

들어가면서 / 3
욥기를 열면서 / 10
중간에서 포기하지 말고 끝까지 이 일기를 읽어주세요 / 24

제1부 욥의 재앙

저는 참으로 괜찮은 사람이었습니다 / 28
그러나 저는 하나님이 두려웠습니다 / 32
안정된 생활이 흔들릴까 봐 두려웠습니다 / 37
저는 친구들의 비판이 두려웠습니다 / 41
저는 건강을 잃을까 봐 두려웠습니다 / 43
오직 나누어 준 것만이 남는 것이라는 것을 / 45
열 명의 자녀가 한순간에 죽음에 처하고 / 50
차라리 하나님을 욕하고 죽으라 / 54
저의 입에서는 탓, 탓, 탓이 나오기 시작했습니다 / 59
나의 자녀들을 한번만 안아볼 수 있다면 / 63

제2부 친구들의 변론

엘리바스-죄 없이 망한 자가 어디 있느냐? / 68
숨겨져 있던 저의 본성이 꿈틀거리며 드러나기 시작했습니다 / 72
주께서 저를 찾아도 제가 없으리이다 / 77
저는 두 가지를 더 깨달았습니다 / 81
빌닷-악인의 장막은 없어지리라 / 84
주님! 아시지요? 저는 원통합니다 / 88
소발-네 손에 죄악이 있거든 멀리 버리라 / 91
주님! 저는 의(義)롭습니다 / 94
이 찰나적인 인생에 왜 이렇게 많은 시련이 있을까요? / 97
엘리바스-악인은 그 일평생에 고통을 당하며 / 99
더욱 괴롭게 하는 안위자들이여! / 102
이제 무덤만이 저의 희망입니다 / 105
빌닷-악인의 종말은 이러하리라 / 107
나의 친구야 나를 불쌍히 여길 수는 없느냐? / 110
소발-악인이 하나님께 받을 분깃 / 112
악인이라고 다 끝이 그러하더냐? / 115
엘리바스-하나님이 심문하시는 데는 다 이유가 있다 / 118
어디에도 주님은 계시지 않습니다 / 121
세상에는 악인이 번성하고 멸망하지 않는구나 / 123
빌닷-하나님 앞에서 어디 깨끗한 자가 있겠느냐? / 127
나도 하나님에 대하여 알만큼은 안다 / 129
나는 너희를 옳다고 말할 수 없다 / 132
지혜가 어디에서 옵니까? / 134
내가 의(義)를 옷으로 삼아 입었으며 / 136
이제 모든 이들이 저를 비웃습니다 / 138

제가 언제 주님의 법도를 떠나 산 적이 있나요? / 140
엘리후-나도 한마디 해야 하겠다 / 143
엘리후-네가 감히 어떻게 스스로 의롭다 하느냐? / 145
엘리후-하나님은 불의하지 않다 / 147

제3부 하나님과의 대면

하나님, 나의 하나님! / 152
보소서 나는 비천하오니 손으로 내 입을 가리리이다 / 158
내가 스스로 회개하나이다 / 163
이 고난으로 인하여 감사하는 일들 / 168
이제부터 저의 삶은 욥기 42장의 삶으로 계속될 것입니다! / 188

글을 마치면서 / 196

욥기를 열면서

욥이 고백하는 일인칭 일기를 통하여 욥기가 말하고자 하는 핵심내용을 찾아가기 위하여 저는 구속사적 성경해석학, 화육적 영성, 내적치유, 풍자문학 등의 관점을 가지고 글을 써 내려갔습니다.

이 글에 적용된 구속사적 해석학의 관점

욥기가 열리지 않을 때에 어느 날 하나님은 성경을 구속사적으로 읽도록 도와주셨습니다. 구속사적으로 성경을 읽어 내려가는 것은 성경을 하나님을 선포하는 계시로 보고 하나님의 관점에서, 하나님의 구원사의 관점에서 성경을 읽는 것입니다. 성경에 나오는 훌륭한 인물의 모범을 배우는 것이 아니고, 그 말씀을 통해 하나님은 어떤 구속사를 베풀고 계시며, 하나님이 어떤 하나님으로 계시되는가에 초점을 맞추는 것입니다.

예를 들면 삭개오라는 글을 읽을 때에도 삭개오와 뽕나무에 초점을 맞추기보다는 삭개오를 찾아오셔서 구원하시는 예수님의 구원사에 초점을 맞추는 것입니다. 또 다른 예를 들면 다윗과 요나단의 우정을 다루기보다는 다윗과 요나단의 우정을 통하여 하나님께서 어떤 구원사를 이루어 가시는지를 더 관심 있게 읽어 내려가는 것이 구속사적으로 성경을 읽는 방법입니다.

욥기도 그러한 관점에서 읽어내려 갔습니다. 욥이 인내하는 관점에 초점을 맞추는 것이 아니라, 욥을 치유하고 관계를 치유하고 하나님을 하나님으로 믿도록 이끌어 가시는 하나님의 섭리에 초점을 맞추는 것입니다. 모범적으로 볼 때 열리지 않는 성경이 많은 부분에서 구속사적으로 풀어나갈 때 열리는 것을 보게 됩니다. 그런 의미에서 욥도 열리는 것을 볼 수 있습니다. 제가 구속사적으로 성경을 읽으면서 욥기에 얽혀있던 밧줄이 마치 후드득 풀리는 것 같은 느낌을 받았을 때의 감격은 지금도 잊을 수가 없습니다.

이 글에 적용된 기독교의 화육적 영성

우리가 추구하고 있는 기독교 영성은 우리를 통해 그리스도께서 나타나셔서 그분이 살아가도록 하는 화육의 삶입니다. 말씀이 삶을 통해 나타나는 영성을 화육적, 성육신적 영성이라고 말합니다. 이렇게 기독교 영성이 우리의 삶에서 화육될 때 우리는 진정으로 자유로운 삶을 누릴 수가 있습니다.

"그러므로 예수께서 자기를 믿은 유대인들에게 이르시되 너희가 내 말에 거하면 참 내 제자가 되고 진리를 알지니 진리가 너희를 자유롭게 하리라" 요 8:31-32

진리를 알지니 진리가 너희를 자유롭게 하리라

정말 자유롭게 살 수 있는 길이 있을까요? 저는 다음에 세 가지를 알게 되면 참으로 자유하게 된다고 믿습니다. 물론 이 자유는 생명을 근거로 한 자유입니다. 생명이 없다면 진정한 자유는 결코 없겠지요. 참으로 자유하기 위하여 우리가 필수적으로 깨달아야 할 부분이 있는데 그것은 다음과 같습니다.

하나님 Ground of Being에 대한 이해,
그리고 나 being에 대한 이해,
마지막으로 나의 부르심 doing에 대한 이해입니다.

1. 하나님을 아는 것

하나님을 알고 하나님을 만나고 하나님 안에서 거하지 않으면 생명도 자유도 없습니다. 그러나 그 하나님에 대한 이해는 숨겨져 있어서 바른 이해는 쉽지 않습니다. 하나님은 우리가 찾고 이해한다고 해서 알게 되는 분이 아니라 그분께서 계시해 주셔야 하며 직접 우리를 찾아오셔야 하는 분이시기 때문입니다. 하나님이 당신을 열어주시지 않는 한 결코 우리는 하나님을 알 수가 없습니다. 그리고 하나님을 알지 못한다면 결코 나 자신도 누구인지 알 수가 없습니다.

2. 나 자신을 아는 것

세상에서 가장 모르는 것이 나 자신입니다. 내가 어디에 있는지, 누구인지 어디로부터 와서 어디로 가는 것인지 알 수가 없습니다. 만일 내가 나를 알 수 있다면, 그리고 나를 다스릴 수 있다면 아마 세상을 얻은 것보다도, 세상을 다스리는 것보다도 더 능력 있는 일이 될 것입니다. 나 자신을 알 수 있는 유일한 길은 나를 만드신 하나님 앞에 적나라하게 설 때입니다. 다른 사람들과 비교하여서는 결코 나 자신을 알지 못합니다. 주님 앞에 설 때에 나 자신을 발견합니다. 바로 욥이 폭풍우 가운데에서 만나주신 하나님으로 인하여 자신이 누구인지 알게 되는 것처럼 말입니다.

내가 누구입니까?
내가 어디에 있습니까?

3. 나의 부르심을 아는 것

내가 누구인지being를 찾으면 내가 무엇을 해야 하는지doing를 알게 됩니다. 만일 내가 누구인지 알고 내가 무엇을 해야 하는지 안다면 우리는 자유하게 될 것입니다. 나의 인생의 시간을 낭비하지도 않을 것입니다. 대부분 이것을 찾다가 인생을 다 보내게 되는 것을 우리는 수긍할 수밖에 없습니다. 여러분은 내가 무엇을 하기 위하여 이 땅에 보내졌는지 알고 있습니까? 소명을 찾으셨습니까? 그래서 자유하십니까?

하지만 이 자유! 우리에게 없어진 지 오래입니다. 그래서 우리는 이 자유를 향한 순례를 하는 것입니다. 우리가 싸우기 때문에 자유로워지는 것이 아니라 우리가 본래 자유로운 존재이기 때문에 자유를 향하여 투쟁하는 것입니다.

욥은 부르심을 깨닫는 단계에서 믿음이 화육하게 됩니다. 그 전에는 단순히 구제나 봉사에 전념하였지만 나중에는 말씀이 육신이 되어 그 삶에 나타나는 화육적 영성에 이르게 됩니다. 좀 더 자세하게 말한다면 주님을 만나기 전까지는 종교적 영성이었지만 주님을 만나고 난 후에는 화육적 영성이 되어 삶에서 원수까지도 사랑하는 마음이 나타나게 됩니다. 자신이 무엇을 해야 하는지 알게 되는 것입니다.

이 글에 적용된 지혜문학의 관점

여러분도 이 세 가지를 찾으셨는지요? 그래서 하나님께서도 기뻐하시고 본인도 행복하신지요? 욥기에서는 이 세 가지를 아는 것을 지혜라고 말하고 있습니다. 욥기는 지혜문학입니다. 여기에서 우리가 찾아나가야 할 것은 지혜입니다. 그 지혜 중의 지혜는 하나님을 아는 것Yada:야다 부부관계로 친밀하게 아는 것이며, 하나님을 알기 때문에 나를 아는 지혜, 너를 아는 지혜입니다. 욥기에서는 이 지혜를 찾아가고 있는 것입니다. "왜 의인이 고난을 받습니까?"라는 질문을 욥기에서 던지기보다는 "무엇이 지혜입니까?"를 질문해야 욥기는 읽혀지게 되어 있습니다.

기독교 역사상 일반 성도들에게 가장 큰 영향력을 준 책이 있다고 한다면 구약에서는 욥기, 신약에서는 로마서가 될 것입니다. 욥기는 병상에 있는 사람들에게 많은 위안을 주었고 또한 이유 없는 고난에 처한 사람들에게도 많은 위로를 주었습니다. 제가 알고 있는 분도 암으로 죽어가면서 마지막 고통을 욥기와 함께 했다는 소식을 들었습니다. 그분의 딸은 임종하는 날까지 욥기를 아버님께 읽어주었고 아버님이 눈물로 욥기를 들으며 돌아가셨다는 말을 전해주었습니다.

우리 인간이 부딪치는 가장 큰 문제인 고난의 문제,

왜 의인은 고난을 받는 것일까?
아니면 왜 인간은 고난을 받는 것인가?
많은 신학자들이 질문하고 성경에서도 계속 오르내리는 질문입니다.

우리는 욥기에서 그 질문의 극치를 발견하게 됩니다. 그런데 저는 욥기의 주제가 정말 고난에 대한 문제인가를 다시 질문해 봅니다. 우리는 지금까지 욥기를 읽을 때마다 욥의 고통, 의인이 받는 고통에 초점을 두었습니다. 하지만 그렇게 욥기를 읽어나갈 때 결코 욥기는 열리지 않습니다. 읽으면 읽을수록 난해하고 왜 이렇게 많은 부분을 친구와의 변론에 할당하고 있는지도 이해되지 않습니다.

저에게 욥기가 열린 것은 구속사적 성경강해를 이해하고 목회자들을 위하여 세미나를 시작할 때였습니다. 성경을 구속사적으로 읽어 내려가면서 욥기도 이해가 되고 열렸습니다. 저는 또한 사탄이 욥의 이해를 문 닫고 있으며, 도덕적으로 해석하고 고난이라는 주제로 해석하게 하면서 진정한 메시지를 보지 못하도록 하고 있음도 발견했습니다.

욥기는 전적으로 지혜문학입니다. 지혜문학이라고 한다면 당연히 지혜를 다루고 있을 것입니다. 잠언에서는 "여호와를 경외하는 것이 지식의 근본이다"라고 선포하고 있습니다. 지혜도 여러 가지가 있지만 욥기에서 말하고 있는 지혜는 신적지혜, 영적지혜를 의미하며 그것에 기반한 영원한 지혜를 가르치고 있습니다. 그리고 또한 성경에서는 그리스도를 지혜의 근본으로 선포하고 있습니다. 그리스도께서 지혜의 하나님엘 소피아이 되십니다.

욥기에서 말하려고 하는 것도 이러한 지혜입니다. 결국 지혜가 욥기의 주제라고 한다면 지혜를 아는 것, 그 지혜를 따라 순종하는 지혜, 그것을 찾아보아야 할 것이며 또한 지혜의 근본이 되시는 하나님을 알아가는 것이 가장 큰 주제가 될 것입니다.

결론적으로 욥기의 주제는 '하나님을 아는 지혜' 하나님을 야다Yada 하는 것입니다. 그러므로 욥기를 펼치면서 "왜 의인이 고난 받느냐?"를 질문하기보다는 "하나님이 누구시냐? 지혜가 무엇이냐?"라는 것에 초점을 두어야 합니다. "왜 의인이 고난 받느냐?"라고 질문하게 될 때에 만나는 하나님은 정말 부당하고 의리가 없는 하나님이십니다.

욥은 지혜를 논하고 있습니다.
욥은 지혜를 찾고 있습니다.
그리고 지혜를 찾아서 자유를 누렸습니다.

이 글에 적용된 풍자문학의 관점

에스겔은 그의 책에서 노아와 아벨과 욥을 거론하면서 14:14, 20 욥을 역사적 인물로 증거하고 있습니다. 그러나 과연 욥기가 역사적 인물에 대한 기술인지, 문학작품인지에 대해서는 논란이 많습니다. 일반적으로 욥기는 신학적 진리를 말씀하기 위해 욥이라는 경건한 역사적 인물을 주인공으로 삼고 쓰인 지혜문학이라고 간주하는데 최근에 학자들은 룻기, 요나와 함께 욥기를 풍자 satire 문학으로 분류하기도 합니다.

구약성경에 나오는 세 가지 풍자문학을 이해하는 것은 쉬운 일이 아닙니다. 풍자문학은 어떤 것을 풍자하여 비판하고 평가하는 문학이라고 볼 수 있는데 룻과 요나, 욥의 인물을 들어서 이스라엘을 신랄하게 풍자하는 문학 장르입니다. 이러한 세 인물을 통해서 성경의 저자는 진정한 하나님의 섭리를 밝혀주면서 이스라엘이 갖고 있는 편협하고도 자기중심적이며 성전 중심적인, 그리고 오직 선민인 이스라엘만이 구원을 받는다는 폐쇄적인 생각에 비판을 던지고 있습니다.

룻기는 이스라엘이 피의 순수성을 중요하게 생각하고 있을 때에 이스라엘 민족은 피의 민족이 아니라 같은 신앙고백 공동체라는 것을 강조하면서 이스라엘이 자신들의 혈족들만을 용납

하는 배타주의를 비판하고 있습니다. 그러므로 룻기는 단순하게 효부인 룻을 기억하는 모범적인 책이 아니라 기근으로 인하여 말씀을 떠나 모압으로 내려갔던 나오미 가족이 다시 유다지방으로 돌아와서 언약의 말씀을 붙잡고 회복하는 이야기입니다. 가장 작은 언약, 남겨진 이삭을 줍는 약속을 붙잡는 나오미 가족을 통하여 하나님의 백성은 피의 백성이 아닌 새 언약의 공동체, 곧 말씀으로 하나가 된 공동체임을 강조하고 있습니다.

요나서는 성전에만 계시는 하나님이 아니라 온 세계를 구원하기를 원하시는 하나님을 강조하면서 평소에 이스라엘이 성소에 하나님을 가두어두는 것에 대하여 비판하고 있습니다. 또한 인간의 편협함으로 인하여 하나님의 자유와 공의, 사랑, 은혜를 제한할 수 없다는 것도 강조하고 있습니다.

욥기는 이스라엘만이 의로운 존재가 아니라 하나님 앞에서 모두가 죄인이라는 것을 강조하고 있으며 이스라엘이 마땅히 거룩한 나라, 하나님의 제사장 나라로서 받은 사명을 다시금 일깨워주고 있습니다.

욥기는 독특하게 하나님 나라에서의 회의에 대한 서술로서 시작되고 있습니다. 하나님의 아들들(천사들)과 사탄이 함께 하나님 앞에 섰습니다. 이 사탄은 사람들이 잘못한 점들만 골라서 하나님께 보고하는 일을 주로 맡은 자입니다. 그러한 사탄에게 하나님은 "하나님의 종 욥을 유의해서 보았느냐?"고 물었습니다. 하나님은 사탄이 순전한 욥에게서 아무런 잘못도 발견하지 못할 것을 아시고 물으신 것입니다. 하나님은 그의 종들 중에서 경건한 생활을 하는 욥을 자신 있게 사탄에게 내어 놓으셨습니다. 왜냐하면 그처럼 "순전하고 정직하여 하나님을 경외하며 악에서 떠난 자가" 세상에 없었기 때문입니다.

사탄은 하나님이 질문하시는 것에는 대답하지 않고 엉뚱하게 이렇게 말합니다. 욥이 하나님을 경외하는 것은 하나님이 그에게 많은 복을 주셨기 때문이라고 말입니다. 도덕적인 잘못은 발견하지 못했지만 욥이 가지고 있는 가장 핵심적인 허점을 찌르고 있는 것입니다. 사탄은 욥이 하나님을 섬기는 동기가 어디에 있는지 의심쩍다는 말을 건넵니다.

"욥이 어찌 까닭 없이for nothing 하나님을 경외하리이까?"욥 1:9

하나님과 사탄은 욥을 시험하기로 했습니다. 하나님은 사탄에게 욥의 생명을 건드리지 않는 한 그의 모든 것을 사용하여 그를 시험해 보도록 허락하셨습니다. 그것은 욥이 그에게 복을 주시는 근원이신 하나님만을 참으로 사랑하고 경외하는가, 아니면 하나님이 주시는 복은사, 선물, 기업, 건강, 부요 등등을 사랑하는 것인가에 대한 시험이었습니다.

하나님이 사탄에게 이런 시험을 하시도록 허락한 것 때문에 우리는 그분의 공의와 사랑을 의심하게 됩니다. 하나님을 사랑하는 의인인 욥을 어떻게 그런 식으로 시험의 대상이 되게 할 수 있단 말인가? 순전하게 사는 욥을 하나님께서 사탄으로 하여금 시험하도록 허락하신 것은 욥에게 있어서는 부당한 것이 아니겠는가? 하나님 왜 그렇게 허락하셨습니까?라는 질문을 던지고야 맙니다.

하지만 성경은 어디에도 그러한 질문에 대해 대답을 하고 있지 않습니다. 그러나 여기서도 우리는 하나님이 주시는 시험과 고난의 이유는 모른다고 해도 다음과 같은 이유로 인해 하나님께 감사해야 합니다.

(1) 하나님께서 사탄의 활동을 제한하시고 그의 백성의 생명을 지키셨다는 사실에 감사해야 합니다.욥 1:12.
(2) 감당할 만큼의 시련을 주시는고전 10:13 하나님께 감사해야 합니다.
(3) 협력하여 선을 이루게 하실롬 8:28 하나님께 감사해야 합니다.

이 경우는 마치 하나님이 에덴동산에 선악과를 만들어 놓으신 것과도 같은 경우입니다. "차라리 그것을 만드시지 않았다면 문제는 없었을 것이다"라고 생각하기 쉽습니다.

욥의 경우도 마찬가지입니다. 하나님은 왜 사탄에게 욥을 소개하여 그로 하여금 큰 고통을 겪게 하셨을까요?

여기서 우리는 하나님의 깊은 섭리를 발견하게 됩니다. 삶이 평탄할 때의 신앙은 그것이 참 신앙인가 거짓 신앙인가를 알 수 없습니다. 문제가 있을 때도 하나님과 인격적 관계와 순종의 관계를 그대로 유지할 수 있는가가 중요합니다. 그 문제를 피하는 것이 아니라 그 문제를 직시해서 그것을 이기게 하시는 것이 하나님의 방법입니다.

그의 자녀들로 하여금 항상 품에만 안고 있는 자녀가 아니라 밖으로 내보내어 시련과 연단 속에서 하나님의 성숙한 자녀를 만드시는 것이 하나님의 교육입니다. 바울이 고백한 것처럼 기독교는 고난을 피하는 종교가 아니라 넉넉히 이기는 종교입니다.

"누가 우리를 그리스도의 사랑에서 끊으리요 환난이나 곤고나 핍박이나 기근이나 적신이나 위험이나 칼이랴 그러나 이 모든 일에 우리를 사랑하시는 이로 말미암아 우리가 넉넉히 이기느니라 우리를 우리 중 그리스도 예수 안에 있는 하나님의 사랑에서 끊을 수 없으

리라" 롬 8:35,37,39

    고난과 환란은 오히려 하나님께 대한 우리의 사랑을 확인할 수 있는 기회가 됩니다. 그러므로 하나님께서는 욥을 미워하셔서 이런 시험을 주신 것이 아니라 그가 어떤 상황에서도 하나님을 사랑하고 신뢰하게 되는 길을 발견하도록 이 시험을 허락하신 것입니다. 즉 죽음의 길을 주시기 위함이 아니라 생명의 길로 인도하시려는 것이 하나님의 동기입니다. 또한 그분은 생명의 길로 인도하시는 하나님의 사랑을 만나기를 원하십니다. 이제 욥기 일인칭 고백을 통하여 하나님을 아는 지혜, 하나님의 사랑과 은혜를 만나게 되기를 기도합니다.

중간에서 포기하지 말고 끝까지 이 일기를 읽어주세요

　　　　　　　　　　　　　　　　　　　– 욥으로부터

여러분들,
반가워요.
이 일기를 읽어주실 여러분들을 만나서 너무 반가워요.
기원전 2000년 전의 사람인 욥이 여러분들을 찾아왔어요. 문화도 지명도 다른 곳에서 살던 제가 21세기에 사는 여러분들을 찾아왔습니다.

오랫동안 성경 안에서 저는 사랑을 받아 왔지요. 제 일기는 참으로 많이 읽혀졌습니다. 그런데 실상 저의 일기를 충분히 잘 이해하는 분은 많지 않았던 것 같았어요. 어떤 분들은 저의 글이 무척 어렵다고 말하더군요.

그래서 제가 직접 21세기 언어로 다시 일기를 쓰려고 생각했습니다. 시대적인 사명을 갖고 4000년의 간격을 좁혀 보고 실제 제가 깨달은 진리와 축복을 나누고 싶어서요.

저는 종횡무진으로 성경에 나오는 이야기들을 인용하려 합니다. 2000년 전에 살던 욥이 어떻게 이 사람들을 알고 있을까? 하고 놀라지 마시길. 주 안에서 우리들은 모두 친구이고, 현재는 천국에서 모두 친구로 살고 있으니까요. 그들로부터 저는 이미 다 이야기를 들었지요.

여러분들에게 시작하기 전에 꼭 부탁하고 싶은 것이 있는데요. 이 글 가운데 친구들과의 변론이 80% 이상을 차지해서 혹시 중간에 지루하다고 책을 덮어버릴까 봐 걱정이 됩니다. 하지만 그 부분이 없었다면 42장은 저에게 없었을 거예요. 길고 지루한 터널, 친구들과의 변론을 꼭 읽어주시고 끝까지 저와 함께 달려가 주시길 바랍니다. 그런 분들에게는 특별한 은혜와 축복이 임할 것이라고 믿습니다.

이 글이 여러분들의 인생을 변화시키는 획기적인 글이 되기를 바랍니다. 소위, 여러분들에게 결정타가 되어서 성경이 열려지고 인생이 열려지게 되기를 원하고 있습니다.

많은 사람들은 제가 나중에 자녀들을 열 명이나 더 얻고 부자가 된 것에 관심을 가지지만, 실상 중요한 것은 제가 고난이라는 것을 통해서 얻은 축복이 엄청나다는 것이지요.

여러분들도 축복에 관심이 있으시지요?

그 축복에 이르는 길이 다소 지루하더라도 끝까지 저와 함께 해 주세요. 저와 끝까지 달려가는 이들에게 큰 복이 있을 것입니다.

여러분들,
사랑합니다.
이 책이 여러분들 손에 있다는 것은 기적입니다. 그 많은 책들 가운데 이 책이 여러분들 손에 들어갔다는 것은.
그러나 더 큰 축복은 이 글 안에 제가 여러분들에게 호소하는 진리가 이해되어지고 만나지고 누려지게 될 때, 찾아올 기적이 될 것입니다.

마치 룻이 보아스를 만난 후에, 그녀의 인생이 어둠에서 빛으로, 죽음에서 생명으로, 가난에서 부요로 옮겨진 것처럼, 여러분들의 인생도 하나님을 만난 후에 그렇게 드라마틱하게 바뀌기를 바랍니다.

저에게 임한 기적, 하나님을 만나고 자신을 만나고 친구를 만나서 새로운 영성의 삶을 살게 된 기적이 여러분들의 것이 되기를 진심으로 기도할게요.

여러분들,
제가 마지막으로 쓴 글, 「이제부터 저의 삶은 욥기 42장의 삶으로 계속될 것입니다!」 그 마지막 글에서 만날 때까지 계속 달려가요. 함께!

제1부

욥의 재앙

욥이 일어나 겉옷을 찢고 머리털을 밀고 땅에 엎드려 예배하며 이르되 내가 모태에서 알몸으로 나왔사온즉 또한 알몸으로 그리고 돌아가올지라 주신 이도 여호와시요 거두신 이도 여호와시오니 여호와의 이름이 찬송을 받으실지니이다

욥기 1장-3장

저는 참으로 괜찮은 사람이었습니다

"우스 땅에 욥이라 불리는 사람이 있었는데 그 사람은 온전하고 정직하여 하나님을 경외하며 악에서 떠난 자더라" 욥 1:1

* 차후에 성경구절만 명시한 것은 욥기에서 인용한 것입니다.

저는 우스라는 지방에 살고 있는 욥이라는 사람으로, 꽤 괜찮은 사람이었습니다. 저는 온전하려고 노력하였고 정직하게 살려고 꽤 애를 썼지요. 악한 것들을 떠나서 살려고 하였고 더럽고 패역한 것들은 멀리하며 살았습니다. 뿐만 아니라 보다 적극적으로 사람들을 도우며 살아왔어요. 사람들은 저를 매우 경건하다고 칭찬을 해 주었지요.

그런 것을 예쁘게 보셨는지 하나님께서 축복해 주셔서 재산도 많이 불렸고요, 자녀들도 열 명을 주셔서 지금까지 남부럽지 않게 살았습니다 1:3, 10. 자식 농사는 풍성하게 잘 지었지요! 무엇보다도 더 제가 감사하고 행복하게 생각하는 것은 다른 사람들이 저를 '동방의 의인'이라고 불러주는 명예입니다. 한결같이 누구나 다 저를 훌륭한 사람이라고 칭찬했어요 1:3. 정말 제 마음이 아주 흐뭇했지요. 살아가다 보면 먹고 사는 것도 부족함이 없어야 하겠지만 남이 우리를 존경하고 높여주는 것은 행복 중의 행복이거든요.

제가 갖고 있는 물질로 가난한 고아도 돕고 과부도 돕는 것은 제겐 아주 즐거운 일이었으며, 저 스스로도 인색하지 않고 하나님으로부터 받은 이 물질을 어려운 사람들에게 언제든지 나누어 줄 수 있는 마음의 자세가 되어 있었습니다. 아마 성중에서 저는 '큰손 중의 큰손'이었을 것입니다. 저를 찾아오는 어려운 사람 중에 도움을 거절당하리라고 생각하는 사람들은 없었어요. 그래서 저는 더욱 더 하나님을 섬겼고 하나님을 기쁘게 해 드리고 싶었습니다. 한편 저는 그렇게 사는 저의 모습에 대하여 스스로 만족하고 있었을지도 몰라요. 자신에 대하여 "나는 썩 괜찮은 사람이잖아?" 하면서 자화자찬하고 싶은 마음이 밑바닥에는 있었을지도 모릅니다.

우리 자녀들에게도 언제나 하나님 앞에 바로 서고 하나님께 영광을 돌리도록 가르쳤지요. 혹시 자녀들이 사치하고 쾌락을 즐기다가 하나님의 마음을 아프게 할까봐 언제나 속죄 제사를 드리면서 매사에 조심하였습니다[1:5]. 아름다운 아내가 항상 제 곁에 있었으며 건강한 자녀들이 장성하여 저의 마음을 든든하게 하였고 그리고 많은 재산들, 칠천의 양, 삼천의 약대, 오백의 소,

오백의 암나귀 1:3, 바라만 보아도 저의 마음을 기쁘게 하여 배가 고프지 않을 정도였거든요.

그리고 또 저는 꽤 괜찮은 친구들 2:11-13을 가지고 있었어요. 지혜도 있고 재산도 있고 서로 교제하기에 수준이 비슷한 친구들이었습니다. 다윗도 요나단이라는 친구가 있었고 그들의 사랑이 누구보다도 큰 사랑이었는데 저는 그보다는 미치지 못한다고 하여도 정말 좋은 친구들을 가지고 있었어요. 그들은 성중에서 칭찬받으며 믿음으로 살려고 하는 지혜자들이었습니다. 우리들은 모여서 식사와 대화를 하며 신앙생활로 받은 축복을 감사했습니다. 서로의 지혜를 나누며 대화를 하다가 보면 시간 가는 줄 몰랐지요. 수준이 비슷한 좋은 친구들을 가지고 있다는 것은 큰 재산이며 사회적으로도 명예였습니다. 그리고 솔직히 서로 비슷한 명문 가정들이라고 하는 자부심들도 갖고 있었고, 마을마다 그들은 유지로서 명예와 부를 가지고 있었습니다. 이렇게 저의 주위에는 친구들도 많고 도움을 구하러 오는 자들도 많고 동네에서 칭찬을 하는 사람들도 많고 꽤 괜찮은 생활을 누리고 있었어요.

이러한 모든 축복이 하나님으로부터 왔다고 생각하니 저는 하나님께 더 감사하지 않을 수가 없었어요. 그래서 언제나 하나님을 경배하고 예배드리고 높이기에 게으르지 않았습니다. 저의 마음에는 거룩하신 주님이 자리 잡고 있었으며 그분을 거역한다는 것은 생각할 수도 없었지요.

이렇게 저는 칭찬받고 사는 동방의 소문난 의인입니다. 제가 스스로 생각해도 꽤 괜찮은 사람이었으며 고상하고 경건한 의인이었어요. 이것은 제가 항상 가지고 있었던 자긍심이기도 합니다.

그러나 저는 하나님이 두려웠습니다

"내가 두려워하는 그것이 내게 임하고 내가 무서워하는 그것이 내 몸에 미쳤구나 나에게는 평온도 없고 안일도 없고 휴식도 없고 다만 불안만이 있구나"
욥 3:25-26

저에게는 재산이 있어서 남을 도울 수 있고 아름다운 아내도 함께 하였으며, 또 생명의 은혜의 유업인 자녀들이 건강하게 자라고 있었으며, 언제나 부르면 밤 새워 대화할 수 있는 비슷한 수준의 친구들이 있었습니다. 또한 이 모든 것들을 주셔서 저를 축복해주는 주님을 섬기며 예배드리며 살 수 있으니 이것보다 더 큰 행복이 어디 있겠어요?

제가 지금까지 살면서 재산을 늘리기 위해 혈안이 된 것도 아니고, 하나님께서 매 순간마다 축복해주셔서, 사람이 누릴 수 있는 모든 행복을 누리게 하셨으니 이것 또한 큰 축복이 아닐까요? 저는 항상 아내와 담소하면서 이 축복이 하나님으로부터 왔으니 하나님을 기쁘게 해 드리자고 다짐하곤 했지요. 아내도 언제나 고개를 끄덕이며 하나님이 우리를 특별히 축복하신 것 같다고 기뻐하였어요.

자녀들을 잘 키워 주며, 돕는 자로서 부족함이 없는 아내를 보면서 "나는 참 행복한 사람이다"라는 것을 매 순간 느끼며 살았습니다. 해 아래서 저와 같이 행복한 사람이 있을까요?

그럼에도 불구하고 마음속 깊은 곳에서 알 수 없는 불안과 두려움이 저를 공격해 올 때가 있었습니다. 무슨 황당한 말을 하느냐고요? 정말이에요. 저는 늘 불안했어요. 사울왕도 다윗 왕으로 인하여 항상 불안하였고 헤롯왕도 예수님 때문에 항상 불안하였는데 그것과는 좀 다른 성격의 불안이었지요.

"하루아침에 이 재산이 다 날아가면 어떻게 하지. 내가 평생을 빚쟁이에게 시달리고 살면 어떻게 하지."
"사랑하는 우리 자녀에게 혹시 무슨 일이라도 생기면 어떻게 하지."

부족함이 없이 살고 있음에도 불구하고 항상 불안과 두려움과 무서움이 있었단 말입니다. 그 어둠은 평소에 잘 느껴지지 않다가도 어느 때 갑자기 홍수같이 밀려오곤 했어요.

"저 많은 약대와 소와 가축들이 하루아침에 죽어버린다면…"
"그래서 성중에서 내가 손을 벌리고 가난한 걸인이 되기라도 한다면…"

"갑자기 아내가 죽어서 내가 홀로 외롭게 된다면…"
"혹시 내가 불치병이라도 생겨서 이 모든 재산으로도 고칠 수 없고 다른 이들의 도움을 받으면서 평생 살아야 한다면…"
"우리 자녀 중의 누구 하나라도 나보다 일찍 죽게 된다면…"

정말 세상 사람들이 하는 말로 재수 없는 걱정들의 연속이었지요. 저의 걱정은 꼬리의 꼬리를 물고 저를 괴롭히기도 하였습니다. 아무도 제가 이런 걱정을 하고 있으리라고는 상상하지도 못했을 거예요. 저는 기도도 하고 묵상도 하면서 이 두려움의 원인이 무엇일까를 생각해보았습니다. 결국 깊이 생각해 보면서 제가 하나님에게 대하여 두려움이 있다는 것을 발견하였어요. 그것은 하나님께서 혹시 내가 모르는 가운데에 범한 죄에 대하여 심판을 하시면 어떻게 하는가에 대한 두려움이었습니다. 하나님은 저에게 심판하시는 하나님, 보응하시는 하나님이셨어요. 무엇이라도 꼬투리를 잡으시면 당장 화를 내시고 심판을 주시는 하나님으로 저의 머리에 각인이 되어 있었습니다.

그러나 '이렇게 많은 것을 주신 하나님이 무엇이 부족하다고 나의 것을 빼앗아 가겠는가?' 라고 스스로 마음을 위로하기도 하였지만 자녀들에게 숨겨놓은 죄가 있어서 하루아침에 심판의 대상이 되는 것은 아닌지 갑자기 불안해지기도 하였습니다.

그래서 자녀들을 위하여 속죄 제사를 특별히 드리고 1:4-5 하나님의 노여움을 사지 않도록 각별하게 조심을 시켰습니다. 그렇게 매사에 틈이 없고 정확하게 일을 하면서도 저의 마음에는 항상 알 수 없는 불안이 있었지요.

"이 행복이 언제까지 유지될까?"

재산도 자녀도 아내도 하루아침에 연기처럼 사라져 버릴 수 있다는 생각이 문득문득 저의 마음을 괴롭혔습니다. 내 손 안에 있는 부요와 재산이지만 하루아침에 신기루처럼 사라질 것 같은 불안이 늘 저를 따라 다니고 있었어요. 그래서 저는 하나님의 심판이 임하지 않도록, 하나님께 죄를 범하지 않도록 율법을 지키며 엄격하고 철저한 경건생활을 떠나지 않았습니다. 그래서 어느 때는 하나님께 예배하는 것이 즐거움이 아니라 "하나님, 지켜주세요"라고 미리 하나님께 부탁하는 종교행위에 그치고는 하였어요. "하나님, 이 행복이 유지되도록 도와주세요. 이 행복을 저에게 빼앗아가지 마세요. 그렇게 되면 저는 너무 힘들어 살 수 없을 것 같아요. 주님 아시지요? 저의 재산과 저의 행복을 지켜주세요. 주님이라면 할 수 있어요."

저는 아무도 모르게 이런 기도를 올려드릴 때가 있었습니다. 그러면 하나님은 "네가 나를 믿지 못하느냐?"라고 책망을 하시는 것 같아서 얼른 마음과 생각을 다른 곳으로 돌리기도 하였습니다.

"그래. 하나님을 믿자. 그분이 이렇게 축복을 주셨는데 왜 우리에게 재난을 주시겠으며 무엇이 부족하여서 재산을 빼앗아 가시겠는가?"

스스로 몇 번이고 저의 마음을 다짐하고 하나님을 의심하지 않기로 의지적으로 결단의 결단을 거듭하기도 하였습니다.

안정된 생활이 흔들릴까 봐 두려웠습니다

제가 두려워하였던 것들 가운데 두 번째는 안정에 대한 두려움이었어요. 이러한 안정된 생활과 부요한 생활이 하루아침에 없어져버리면 어떻게 하나 걱정이 되었습니다. 그리고 가지고 있는 것에 대한 애착, 아니 집착이 컸습니다. 보이는 소유물에 대한 알지 못하는 의존감도 있었습니다. 이렇게 가지고 있는 것들 덕분에 다른 이들의 부러움을 샀으며 '동방에서 가장 큰 자'라는 칭찬을 받았지만 때때로 이것이 어느 날 갑자기 내 앞에서 사라져 버리지 않을까 두려움과 무서움이 엄습해 오기도 하였습니다.

가끔 전쟁도 나고 지진도 나서 잘 지은 집들이 무너지고 인명피해를 입는 것을 생각하면서 저에게도 그런 일이 일어나지 않으리라는 보장이 없다는 것을 알고 두려움에 떨기도 하였지요. 때로는 홍수도 나고 해일도 나고 태풍도 부는 등 자연재해도 무시할 수 없었습니다. 이런 자연재해 앞에서는 누군들 막을 자가 있겠습니까? 마치 저는 근심하기 위하여 태어난 존재 같았습니다. 성경말씀에는 아무 것도 근심하지 말라고 하셨음에도 말예요.

"그러므로 내일 일을 위하여 염려하지 말라 내일 일은 내일이 염려할 것이요 한 날의 괴로움은 그 날로 족하니라" 마 6:34

이러한 두려움 밑에는 사탄이 주는 재앙에 대한 두려움도 있었어요. 혹시 사탄의 공격을 받아서 하루아침에 이러한 행복이 없어질지도 모른다는 불안이 언제나 저의 마음 깊은 곳에 자리 잡고 있었습니다. 그래서 사실 진정한 의미로 이 행복을 누리지는 못했어요. 이러한 부와 축복을 유지하려면 어떻게 해야 하는지 항상 마음에 걱정과 근심이 앞섰던 것입니다.

그러니까 더욱 하나님의 말씀을 지키고 죄를 범하지 않으려고 노력하였지요. 하나님의 진노를 사도 안 되고 사탄의 공격을 받아도 안 된다는 강박관념 때문에 저의 마음에는 안식도 평강도 없었습니다.

어느 일정 기간 동안 마음이 안정되다가도 갑자기 저에게 공포가 밀려오기도 하였습니다. 다음날 아침에도 이러한 축복과 소유가 여전히 저를 울타리처럼 두르고 있을지 걱정이 되었기 때문이지요.

그래서 또 기도하였습니다. "하나님, 저의 재산을 보호하여 주세요" 이러한 불안이 가난한 자와 고아와 과부와 나그네를 돕는 데 일조一助를 했습니다. 제가 선행을 베풀면 이러한 재앙이 찾아오지 않을 것 같아서 가난한 이들에게 인색하지 않게 나누어주려고 하였습니다.

솔직하게 그들의 영혼과 삶이 불쌍해서가 아니라 그렇게 명령하신 하나님이 두려웠고, 제가 이기적일 때에 그 인색한 마음이 사탄의 공격의 틈이 될까 두려워했습니다.

그러나 한편 가난한 이들을 도우면서 저는 많은 기쁨을 누리기도 했습니다. 이렇게 나누어 줄 것이 있다는 것이 감사하기도 하고, 작은 기쁨들이지만 이것이 저의 삶을 풍요롭게 했습니다. 서로 나누며 사는 행복이 어떠한가를 체험하기도 했습니다.

그런데 순간순간, 어느 때에 이러한 공포와 무서움이 찾아오는 이유를 저는 알지 못하였고 이것은 점차 주기적으로 찾아왔습니다.

하나님! 이 재산을 지켜주세요.
제가 이렇게 걱정하지 않아도 되겠지요?
하나님! 이 재산을 도적과 강도와 사업의 실패로부터 보호해주세요. 주님! 부디 지켜주세요.

저는 하나님이 저의 재산을 지켜주실 것을 기도하면서 열심히 하나님의 말씀을 지켰습니다. 이렇게 저는 지키는 데에 열심이었고 아주 종교적인 사람이었습니다.

저는 친구들의 비판이 두려웠습니다

제가 두려워하였던 세 번째는 사람들의 이목이나 비판이었습니다. 아니 솔직하게 말해서 가장 친한 친구들의 평이었지요. 대중이야 어떻게 생각하든지 무시할 수 있지만 저를 사랑해주는 친한 친구들이 저에 대하여 비판을 한다면 저는 견딜 수 없을 것 같았습니다. 그것을 또래 압박peer pressure이라고 하나요? 또래 압박이 아이들에게만 있는 것이 아니고 저와 같이 어른들에게도 만연해 있다는 것을 저는 피부로 체험하였습니다.

그래서 저는 각별하게 친구들을 대했어요. 그들을 결코 소홀히 대하지 않았습니다. 또한 그들의 경조사를 살피는 데 누구보다도 더 넉넉하게 대해 주었고 그들의 자녀의 생일이나 결혼기념일 등을 자상하게 살펴주었으며 적지 않은 선물들을 보내면서 지금까지의 우정을 더욱 돈독하게 쌓아가기를 원했습니다. 여러분들도 아시겠지만 경조사를 일일이 살핀다는 것이 얼마나 돈 들고 신경쓰이는 일인가요? 주말마다 쌓이는 청첩장들은 여러분들의 마음을 근심으로 차게 하기도 하지요? 그러나 저는 정성껏 그런 경조사에 온 힘을 다해 참여했습니다. 왜냐하면 그들은 각자 있는 곳에서 영향력을 미치는 사람들이었고. 그들의 한마디 비평이 사회에 큰 영향을 주었기 때문이었습니다.

지금까지 친구들은 저를 좋아하고 저에 대하여 좋은 평을 하고 다니는 것으로 알고 있습니다. 특별한 날에 모여서 양고기와 만찬을 즐길 때에는 저는 "이 때다" 하고 기회를 놓치지 않고 선물도 주었으며 그의 아내들에게는 금, 은, 보석들도 선물하였습니다. 그래서 만찬에 초대를 받으면 그들은 좋은 의복을 입고 아내들과 함께 고상한 모습으로 나타나서, 적절하게 저를 높여주었고 저의 자녀들이 잘 자랐다고 칭찬해 주었어요.

그리고 언제나 아내에 대하여도 칭찬을 아끼지 않았는데 열 명의 자녀를 이렇게 경건한 자녀로 키운 데에는 아내의 수고와 기도가 각별했다면서 예의바른 칭찬을 해주었습니다.

저는 그러한 만찬을 즐겼고 저의 두려움이나 불안감을 해소하는 데 많은 도움을 받았어요. 그래서 주기적으로 이런 만찬을 준비하고 신학적인 대화를 하면서 친구들에게 좋은 평판을 받기 위한 정치적 행보도 게을리 하지 않았지요. 저는 이렇게 만찬을 베풀어 고상한 대화를 하는 여러 명의 친구들이 있어서 마음 든든했어요. 항상 그들과의 교분을 유지하기 위한 노력도 아끼지 않았습니다.

저는 건강을 잃을까 봐 두려웠습니다

제가 두려워하였던 것의 네 번째는 저의 건강에 대한 것이었습니다. 누구든지 이러한 걱정을 하지 않은 사람은 없을 거예요. 모두가 오래 살고자 하는 것이 꿈이지요. 그것도 건강하게 말입니다. 혹시 저보다 나이가 많은 분들에게는 죄송하지만, 저는 늙어가는 것이 슬펐고, 혹시나 갑자기 불치의 병에 걸려 거동이 불편하고 죽게 되면 어떻게 할지 걱정이 되었어요. 곧 죽음에 대한 걱정이었습니다.

여러분은 이것이 당연한 걱정이라고 말할지 모르지만 저는 의외로 이런 걱정이 심했습니다. 하나님을 믿고 있음에도 불구하고 저는 불치병에 걸린 추한 모습을 다른 이들에게 보여주고 싶지 않았고요, 특별히 이러한 병에 걸린 모습을 친구들에게는 더더군다나 보여주고 싶지 않았습니다. 친구들이 모여서 대화할 때에 가끔 그런 말을 들었기 때문이에요. 또한 집안 어른들 중에도 중풍을 앓으시고 마지막을 힘들게 보낸 분들이 있기 때문입니다.

"자네, 성중에 그 아무개를 알고 있지. 이번에 큰일을 당했더

구먼. 거동도 못하고 누워있다고 해. 대소변도 누가 받아주어야 한다고 하지. 참, 하나님을 경외하지 않고 그렇게 불손하게 살더니만 하나님이 치셨어. 쯧쯧쯧."

저는 제가 아프게 되었을 때에 힘든 것보다도 이러한 비판을 받게 되는 것이 솔직히 두려웠습니다. 제가 재앙을 당했을 때에 사람들이 무엇인가 제가 범죄하여 재앙을 당했다고 하는 말을 듣는다면 견딜 수 없을 것 같았기 때문입니다.

저는 나름대로 의롭게 살려고 하였는데 그렇게 평을 받는다면 너무 억울할 것 같았어요.

그래서 저는 가끔 추한 모습으로 살지 않고 여유 있게 덕망 있는 모습으로 늙어가다가 수를 다하여 죽기를 기도하였습니다. 저의 모습이나 생활이 추하게 전락하는 것을 참을 수 없을 것이며 만일 하나님이 그런 것을 허락하신다면 하나님이 공평하시지 않다고 믿을 것이라고 생각했습니다.

그래서 항상 두렵고 무섭고 불안한 그 무엇이 저의 마음 밑바닥에서 저를 항상 괴롭혔어요. 그래서 저는 상상하기를 멈추고 애써 그런 일이 저에게는 있을 수 없다고 생각을 지워버리기도 하였습니다.

오직 나누어 준 것만이 남는 것이라는 것을

"하루는 욥의 자녀들이 그 맏아들의 집에서 음식을 먹으며 포도주를 마실 때에 사환이 욥에게 와서 이르되 소는 밭을 갈고 나귀는 그 곁에서 풀을 먹는데 스바 사람이 갑자기 이르러 그것들을 빼앗고 칼로 종들을 죽였나이다 나만 홀로 피한 고로 주인께 아뢰러 왔나이다 그가 아직 말하는 동안에 또 한 사람이 와서 이르되 하나님의 불이 하늘에서 떨어져서 양과 종을 살라 버렸나이다 나만 홀로 피한 고로 주인께 아뢰러 왔나이다 그가 아직 말하는 동안에 또 한 사람이 와서 이르되 갈대아 사람이 세 떼를 지어 갑자기 낙타에게 달려들어 그것을 빼앗으며 칼로 종들을 죽였나이다 나만 홀로 피한고로 주인께 아뢰러 왔나이다" 욥 1:13-17

참으로 괜찮은 사람이라고 생각하며, 하나님께서 풍성한 축복을 주셔서 이 모든 부유함을 누리고 있다고 자부하던 저였습니다. 하지만 항상 무엇인가 불안한 마음이 남아 있어서 언제가 저에게도 불행한 일이 임하지를 않을까 걱정하던 중, 정말로 그러한 일들이 하나씩 현실로 나타나기 시작했습니다.

어느 날 종들이 저에게 달려와서 제가 갖고 있던 소와 낙타, 나귀들이 졸지에 없어져 버렸다는 것을 보고하였습니다.

"스바 사람이 와서 소와 나귀를 빼앗아갔습니다."

"하늘에서 불이 내려와서 양과 종들을 불살라버렸습니다."
"갈대아 사람이 와서 낙타들을 빼앗아갔고 칼로 종들을 죽였습니다."

동서남북으로 널려 있던 소, 낙타, 나귀, 양들이 하루아침에 저의 눈앞에서 사라져 버렸습니다. 흐뭇하게 바라보던 저의 재산이 순식간에 남의 것이 되었으며 하늘에서 내려온 불은 저의 양들과 종들을 순식간에 불태워버렸습니다. 순간 하늘이 무너져 내리는 것 같은 황당함과 참담함을 느꼈어요. "어떻게 이런 일이 나에게 일어날 수가 있단 말인가? 언제나 하나님의 도움을 구하며 하나님을 경배하던 나에게도 이런 일이 일어날 수가 있단 말인가?" 순간 참담하기도 하고 믿어지지도 않고, 또 다른 사람들이 어떻게 생각할지 부끄럽기도 해서 저는 아무 말도, 어떤 생각도 할 수가 없었습니다.

그런데 이렇게 큰일을 당했음에도 불구하고 오히려 저의 마음은 차분해지고 냉정을 되찾기 시작했어요. 저도 놀랄 정도였습니다. 저는 하나님께 입으로 범죄하지 않기를 원하여 스스로 이렇게 말을 하며 위로를 삼았습니다.

"내가 모태에서 알몸으로 나왔사온즉 또한 알몸이 그리로 돌아 가올지라 주신 이도 여호와시요 거두신 이도 여호와시오니 여호와의

이름이 찬송을 받으실지니이다"1:20-21

이러한 상황에서 제가 주님을 경배할 수 있었던 것은 그래도 매일매일 주님의 은총 속에 살며 주님과 동행하여 왔기 때문이라고 믿었습니다. 그리고 또한 이런 상황에서도 주님에게 불경한 말을 하지 않고 이런 고상한 고백을 할 수 있다는 자신에 대하여 자긍심도 있었고 "그래 나는 꽤 괜찮은 사람이야. 안 그래? 이런 상황에서도 이렇게 말할 수 있다는 것이 어디 쉬운 줄 알아" 하고 속으로 반문해보았습니다.

하지만 제가 소유하던 그 재산들, 물질들, 그것으로 인해 그래도 괜찮은 동방의 부자로 인정받았던 것이 어느 날 일시에 무너진 현실로 다가왔던 거지요.

그리고 제가 깨달은 것이 있었습니다. 제가 남에게 나누어 준 것만이 오직 저에게 남은 것이라는 것을. 제가 소유함으로 저의 것이 아니라 제가 나누어줌으로 저의 것이 된다는 역설적인 진리를 깨달았던 것입니다. 성중에서 고아와 과부에게 나누어주고 나그네에게 나누어주었던 것들만이 오직 나의 것으로 남아있다는 것을 알았습니다.

"아! 내가 아끼지 말고 좀더 나누어주었더라면, 더 많은 것을 나누어 주어 그들의 눈에서 눈물을 제하여 주었더라면, 내가 좀 더 빨리 이 물질이 나의 것이 아니고 나는 단지 관리할 뿐이라는 것을 알았다면 좋았을 것을! 이것이 나의 영원한 소유인 줄 착각하였구나."

저는 그 와중에서도 제가 나누어 줄 때에 감격하며 기뻐하던 가난한 자들, 소외된 자들의 눈들이 기억났습니다. 감사하다면서 절을 하던 그들의 모습이 생각났습니다.

"아! 결코 그것이 나의 것이 아니었는데,
마치 내 것처럼, 내 소유처럼,
거만을 떨며 가난한 자에게 자선을 베풀지 않았는가?"

저는 무릎을 꿇고 회개하였습니다.

"주님의 것입니다. 주님으로부터 온 것을 주님이 가지고 가셨으니 제가 무어라 말하겠습니까? 주님! 그럼에도 주님을 경배합니다."

저는 괜찮은 사람답게 그 와중에서도 입으로 범죄하지 않고 하나님을 경배했습니다. 하지만 이보다 더 큰 불행이, 제가 감당할 수 없는 불행과 재앙이 저를 향해 다가오고 있다는 것을 누가 상상할 수 있었겠습니까?

열 명의 자녀가 한순간에 죽음에 처하고

"그가 아직 말하는 동안에 또 한 사람이 와서 아뢰되 주인의 자녀들이 그들의 맏아들의 집에서 음식을 먹으며 포도주를 마시는데 거친 들에서 큰 바람이 와서 집 네 모퉁이를 치매 그 청년들 위에 무너지므로 그들이 죽었나이다 나만 홀로 피하였으므로 주인께 아뢰러 왔나이다 한지라 욥이 일어나 겉옷을 찢고 머리털을 밀고 땅에 엎드려 예배하며 가로되 내가 모태에서 알몸으로 나왔사온즉 또한 알몸으로 그리로 돌아가 올지라 주신 이도 여호와시요 취하신 이도 여호와시오니 여호와의 이름이 찬송을 받으실지니이다 하고 이 모든 일에 욥이 범죄하지 아니하고 하나님을 향하여 어리석게 원망하지 아니하니라" 욥 1:18-22

그런데 다른 종이 이어서 와서 저에게 놀라운 소식을 전했습니다. 저의 자녀들이 한순간에 모두 죽었다는 소식이었어요.

"거친 들에서 큰 바람이 와서 집 네 모퉁이를 치매 자녀들이 모두 죽었나이다. 나만 홀로 살아서 이곳에 왔나이다" 1:19

재산을 잃어버렸을 때에는 '또 벌면 되지. 산 입에 거미줄 치겠어.'라고 생각했었습니다. '그리고 아직 현찰도 좀 있고, 땅도 좀 있고, 재산이 아직도 있으니 어떻게 되겠지. 여차하면 그 좋은 친구들, 여유 있는 친구들의 도움도 당분간 받으면 되지. 나도 그동안 많이 도와주었는데 이제 내가 도움 받을 차례가 된 것 아닐까?'라고 생각해서 점잖게 냉정을 찾았었습니다.

그런데 막상 자녀들이 모두 죽었다고 할 때에 저는 망연해지지 않을 수가 없었어요. 열 명의 자녀가 다 한꺼번에 한순간에 죽었다는 것입니다.

어떻게 이런 일이 나에게…?

저는 가끔 자녀들 중에 누가 한 사람이 아프기라도 하면 "저 자녀를 잃어버리면 어떻게 하나"라고 불안해했어요. 또한 "하나라도 유괴를 당하면 어떻게 하나"라고 불안해했지요. 어느 때는 한 자녀를 잃어버린 줄 알고 성중을 다 찾은 적도 있었습니다. 그런데 나중에 찾고 보니 집안 한 구석에서 편안히 자고 있기도 했습니다.

자녀에게 무슨 일이 생길 것이라는 것은 상상조차 하기 싫었어요. 그래서 불현듯 그런 생각이 저의 머리를 스치면 저는 고개를 흔들면서 애써 생각을 지워버리고는 했었습니다.

그렇게 자녀들은 저와 아내에게 가장 큰 보물이었어요. 당연히. 그런데 그 보물들이 하루아침에 사라져버린 것입니다. 줄줄

이 초상이라는 말이 있습니다. 이런 와중에 저까지 죽는 것이 아닐까 생각이 들었어요. 저는 겉옷을 찢고 머리털을 밀고 주님 앞에 무릎을 꿇었습니다.

저는 재산과 함께 이 생명이라는 보화들도 저의 것이 아님을 현실적으로 인정해야 했습니다. 지금까지 저의 것처럼 집착하며 키우던 자녀들이 졸지에 작별의 인사조차 할 시간 없이 하늘나라로 갔습니다. 보낼 준비도 하고 있지 않았는데 안녕이란 말 한 마디 없이 열 명의 자녀들이 졸지에 한 자리에서 함께 죽은 것입니다.

하지만 저는 입으로 범죄하지 않으려고 "주님이 주신 것을 주님이 취하였으니 제가 무슨 말을 하겠습니까?" 경건하게 고백을 하며 심중에 감추어진 슬픔과 원망을 드러내지 않았습니다.

제가 그러지 않았습니까? 제가 꽤 괜찮은 사람이라고, 괜찮은 사람이기에 이렇게 어려울 때일수록 인품이 드러나는 것 아닐까요? 저는 동방의 의인에 걸맞은 행동을 취해야 했습니다. "주님이 잘못하신 것 없습니다. 주님의 소유를 주님이 취하였으니 제가 어떻게 원망을 할 수가 있겠어요? 그럼에도 불구하고 주님은 여전히 저의 하나님이시며 경배 받으실 분이십니다." 라고 고백하면서 평소 존경받던 이미지를 추락시키지 않기 위하여 이

성을 잃지 않고 하나님께 경배를 올려드렸습니다.

재산과 자녀!
저에게서 떠나갔습니다.
이럴 때 저는 어떻게 해야 하는 것일까요?
그러나 여러분이 생각해도 제가 잘하였지요?
이럴 때에도 저의 고상한 인품과 행동을 유지해야겠지요?
경건한 자세와 경건한 고백이 이러한 위기 가운데에서도 여전히 나타나야 하겠지요?

여러분 어떠세요?
여러분은 저만큼 하실 수 있으세요?
저에게 잘 했다고 칭찬 좀 해주세요.
아주 어려운 일을 했다고.
그래 당신은 정말 괜찮은 사람이야.
이러한 위기 속에서도 그렇게 할 수 있는 사람은 동방의 의인인 당신뿐이라고 칭찬 좀 해주세요.
아주 잘했다고, "과연 욥이야" 라고 칭찬 좀 해주세요.
여러분들도 이러한 저의 행동에 감탄했다고 말해주세요.
이 글을 읽는 분들 가운데 저처럼 행동하실 수 있는 분들이 없다고 말씀해 주세요.

차라리 하나님을 욕하고 죽으라

"사탄이 이에 여호와 앞에서 물러가서 욥을 쳐서 그 발바닥에서 정수리까지 종기가 나게 한지라 욥이 재 가운데 앉아서 질그릇조각을 가져다가 몸을 긁고 있더니 그 아내가 그에게 이르되 당신이 그래도 자기의 온전함을 굳게 지키느냐 하나님을 욕하고 죽으라 그가 이르되 그대의 말이 어리석은 여자 중 하나의 말 같도다 우리가 하나님께 복을 받았은즉 화도 받지 아니하겠느냐 하고 이 모든 일에 욥이 입술로 범죄하지 아니하니라" 욥 2:7-10

재산과 자녀를 잃고 깊은 충격과 슬픔에서 헤어나오지 못하고 있을 때에 저의 몸은 온통 종기가 나서 견딜 수 없는 괴로움 속에 들어가게 되었습니다.

저는 평소에 "건강을 잃어버리면 어떻게 하나" 하고 걱정을 한 적이 있었습니다. 늙어가는 것도 무섭고 두려웠습니다. 늙어가면서 추해지고 힘이 없어지고 아름다움이 사라지는 것도 저에게는 두려움 중의 하나였어요. 더 큰 걱정은 제가 큰 병에 걸려서 다른 사람의 수발을 받아야 하면 어떻게 하나 하는 것이었지요. 실제로 저의 주위에는 그러한 친구들이 많이 있었습니다.

그리고 아름답고 착한 아내가 제가 중풍에 걸리고 거동을 못하고 대소변을 받아내야 하는 때에도 여전히 저의 곁에 있어주며 저를 사랑해줄 것인지 그것도 불안했어요. 그래서 저는 항상 기도했습니다. 마지막에 저의 인생이 추하게 되지 않게 해달라고.

그런데 그러한 일이 저에게 일어났습니다. 그렇게 무서워하고 두려워하고 불안해하던 일이 실제로 저에게 일어났습니다. 저에게 이러한 일이 일어나려고 해서 불안했던 것인지 제가 불안해함으로 이러한 일이 일어났는지 저는 알 수 없었습니다.

이렇게 큰 재앙이 우리에게 닥쳐왔을 때 저는 아내의 고통을 생각했습니다. 저보다도 직접 아이들을 낳아 젖을 먹이고 밥을 먹이고 씻기고 수고한 아내가 이 고통을 견딜 수 있을 지 그것도 저의 아픔을 더하게 하였던 요소였습니다.

아내는 언제나 착하였고 미소를 머금고 남편에게 순종해주었지요. 저도 마을에서 칭찬을 받았지만 사실 아내 역시 모든 사람들에게 덕을 세우는 사람이었습니다. 어려운 사람들 그냥 보내지 않고 가난하고 소외된 자들을 돌보고 자기 일처럼 나서서 도와주곤 했어요. 부잣집 아내였지만 항상 검소하였고 저와 함께 하나님을 섬기는데 부족함이 없는 아내였습니다. 정말 저는 이 아내를 하늘로부터 온 선물이라고 생각했습니다. 열 명의 자녀를 키우면서 한 번도 불평 없이 성실하게 자녀를 키워주었으며 언제나 저와 함께 자녀들이 자라나는 모습을 나누며 행복해 하였습니다.

 어떤 행복보다도 아내와의 행복은 저의 행복의 기초이기도 하였어요. 그래서 아내는 곧 가정이며 고향이며 영원한 친구였습니다.

 그런데 재산이 날아가고 자녀들이 다 죽고 제가 몸에 종기까지 나니까 아내가 저에게 하나님을 욕하고 죽으라고 하였습니다. 저는 아내에게서 그러한 말이 나올 줄을 몰랐습니다. 아내에게서 그러한 모습을 본 적도 없었습니다. 아내는 항상 교양이 있었고 품위를 유지하였고 선하고 착하고 인자하였습니다. 남편을 하늘같이 섬겨주고 자녀들을 넘치는 사랑으로 키워주었어요. 아내는 목소리 한번 높이지 않고 조용조용하게 사랑의 권위를 가지고 자녀들과 이 큰 식솔들을 거느렸습니다.

 그러던 아내의 얼굴이 달라졌어요. 목소리가 달라졌습니다. 마지막으로 그는 하나님을 욕하고 죽으라고 했어요. 저의 몸의 종기보다도, 자녀를 잃은 것보다도, 아내의 무서운 저주가 저를 더 나락으로 떨어지게 만들었습니다. 아내에 대한 실망 때문에 저는 더 큰 고통 속에 빠져버렸습니다.

 어떻게 하나님을 욕하고 죽을 수 있나? 마지막까지 하나님께 대한 순전을 지키려고 하는 저의 마음에 아내는 돌을 던지고 칼로 베어내는 듯한 고통을 안겨주었습니다.

그러면서도 완전주의자인 저는 하나님을 욕할 수가 없었습니다. 끝까지 나의 순전을 지켜야 했습니다. 어느 부분까지 제가 지킬 수 있는 것인지 모르겠지만 저는 그러한 아내를 향하여도 순전을 지킬 것을 요청하였습니다. 입술로 저는 범죄하지 않았습니다.

끝까지 주님을 배반하지 않으려는 저의 의로운 결단은 아내의 참담한 권고에도 불구하고 계속 행진하고 있었습니다. 저는 저의 순전한 마음으로 입술을 지켜야 했어요. 하나님께 대하여 이런 태도를 지키는 것이 그분을 사랑하는 것이라고 믿고 있었기 때문입니다.

그분이 그 많은 것을 주시고 가져 가셨기 때문에 입술로 범죄하지 않았다기보다 저의 종교적 영성이 그것을 용납하지 않았습니다. 꽤 괜찮은 저의 고상한 영성이 그것을 용납하지 않았습니다.

적어도 나는 순전을 지켜야 돼!

저는 아내가 얼마나 힘들면 저렇게 말할까? 라고 이해를 해

보려고 애를 쓰는 한편, 끝까지 저의 속마음을 드러내지 않고 순전을 지키려고 노력하였습니다.

"하나님! 이것을 지킬 수 있는 힘을 주옵소서!" 하고 기도하면서 저는 입술로 범죄하지 않았습니다. 지금까지 율법을 지킴으로 주님을 섬겨왔던 저는 이러한 절박하고 고통스러운 환경에서도 내 마음과 입술을 지키기 위해 사투를 벌이고 있었습니다.

저의 입에서는
탓, 탓, 탓이 나오기 시작했습니다

"나의 난 날이 멸망하였었더라면, 사내아이를 배었다 하던 그 밤도 그러하였더라면, 그 날이 캄캄하였더라면, 하나님이 위에서 돌아보지 않으셨더라면, 빛도 그 날을 비취지 말았었더라면" 욥 3:3-4

저의 괜찮은 친구들이 드디어 방문하였습니다. 제가 큰 재앙을 당했다는 것을 듣고 달려왔던 것입니다. 어려울 때에도 힘들 때에도 서로 격려하던 친구였으며 제가 어디에서나 자랑하고 싶은, 저와 수준이 그럴듯하게 맞는 친구들이었습니다. 각자 사는 곳에서 지혜와 부를 자랑하며 유지라고 칭송을 받는, 그래서 상당한 영향력을 가지고 있는 친구들이 저를 찾아왔습니다.

그런데 제가 너무나 힘들어보였는지 그들은 일제히 울며 자기의 겉옷을 찢고 하늘을 향하여 티끌을 날려 자기 머리에 뿌리고 저와 함께 일주일을 그렇게 앉아있었습니다. 마치 어떤 할 말도 잊어버린 것과 같았습니다.

저는 그러한 친구들을 보면서 마음에 불평과 탓이 나오기 시작했습니다. 사실 차마 하나님께는 직접 불평할 수가 없었어요. 그래서 저는 간접적으로 제가 태어난 날을 불평했고, 그 날이 아무 일 없이 사내아이를 받아낸 것에 대하여 불평하기 시작했습니다. 그 날에 책임전가를 하기 시작했습니다.

실제로 그 모든 것들이 주님 손안에 있으며 주님이 허락하셨기 때문에 일어난 일임에도 불구하고 저는 하나님에게 직접 불평을 할 수가 없었습니다.

저는 친구들이 함께 고통을 나누고 있을 때 입을 열어서 탓, 탓, 탓을 하기 시작했어요. 아담과 이브가 자신들이 범한 죄악을 남에게 탓하고 책임 전가한 것처럼 저도 입을 열어서 책임전가를 하기 시작하였습니다.

내가 태어난 날에게,
내가 태어난 밤에게,
그 밤에 새벽 별들에게,
나를 받은 어머님의 무릎에게,
나를 먹인 어머니의 유방에게,
그들이 잘못되어서 내가 차라리 죽었다면,

결국에 저의 탄식은 왜 하나님이 곤고한 저를 살리셔서 이 저주와 재앙을 만나게 하셨는지에 대한 것이었습니다. 저의 인생의 모든 것들이 주님 손 안에 있으며 그분이 허락했기 때문이라는 것을 알지만 저는 절대로 주님을 탓하고 주님에게 책임전가 하며 주님에게 분노할 수는 없었습니다.

저는 하나님을 피하여 다른 것들을 탓 하며 저의 인생이 생명을 가지게 된 것에 대하여 탄식하고 괴로워하였습니다. 살아서 이 재앙을 체험하게 하시는 하나님이 너무 야속하고 원망스러웠지만 저는 간접적으로 불평과 분노를 털어내놓았어요. 그렇게라도 하지 않는다면 저는 견딜 수가 없었으며 아무 말도 없이 저의 곁에서 함께 하는 친구들도 제대로 쳐다볼 수가 없었습니다.

또한 "하나님을 욕하고 죽으라"고 말한 아내에게도 저의 순전함을 지키는 것을 보여주고 싶었고 하나님을 욕할 수는 없다고 생각했어요. 그래서 저는 끝까지 입술로 범죄하지 않으려고 사투를 벌이고 있었습니다.

그러나 직접적인 것은 아니지만 저는 과연 누구를 원망하고 있었단 말입니까? 직접적으로 표현하지는 않았지만 오히려 더 비겁하게 저는 저의 마음을 속이고 감추고 있는 것이 아니었을까요? 저도 역시 주님에게 탓을 하고 주님에게 원망하는 것이 아니었을까요? 그 더럽고 걸레 같은 나의 의^{義} 때문에, 저는 저 자신까지도 속이고 있었던 것입니다.

그런데 저의 한계를 자극하는 일들이 벌어지기 시작했습니다. 제가 저의 자신에게 실망하는 일들이 벌어지기 시작했으며 한계에 부딪쳐 손을 들어야 하는 참담한 일들이 다가오고 있었습니다. 더 이상 고상할 수 없고, 입술로 범죄하지 않을 수 없는 일들이 다가오고 있었습니다.

나의 자녀들을 한번만 안아볼 수 있다면

　한꺼번에 닥쳐온 우리 가정의 재앙과 저의 몸에 생긴 종기로 인해 그동안 어떻게 시간이 지나갔는지 마치 악몽과 같았어요. 친구들이 옆에 와서 칠일 동안 함께 고통을 나누어 주었지만 몇 가지 고통은 절대로 저와 나눌 수 없다는 것을 알았습니다.

　그것은 저의 몸의 고통이었습니다. 이것은 제가 감당해야 할 고통이었고 어느 누구도 함께 이 고통을 나누어주지 못했어요. 함께 하는 자들은 저의 고통을 불쌍히 여기고 마음 아파했지만 돌로 긁어내는 저의 종기를 누가 이해하고 고통을 나눌 수 있겠습니까? 저는 이런 고통을 아내와도 나눌 수 없다는 것을 알았습니다. 저는 철저하게 혼자서 저의 고통을 감당해야 하였습니다. 슬픔도 기쁨도 모두 함께 나눌 수 있을 것 같았지만 아내와도 이러한 아픔을 나눌 수 없다는 것이 저를 슬프게 하였습니다.

　저는 철저하게 혼자였습니다.

　그런데 오늘 아침, 저는 갑자기 심령 깊은 곳에서 무엇인가 울컥 올라오더니 눈물이 쏟아지기 시작했습니다. 그것은 재앙이 한꺼번에 몰아쳐서 미처 생각할 수 없었던 자녀들을 잃은 슬픔이었습니다.

열 명의 자녀들을 잃은 슬픔이 저를 엉엉 울게 만들었습니다. 갑자기 자녀들이 그리워지기 시작했습니다. 그러한 그리움과 슬픔이 저를 걷잡을 수 없는 슬픔으로 몰아넣었습니다.

자녀들이 자라나면서 귀여운 행동을 하던 장면들이 스쳐가면서 정말 그들이 다시 만날 수 없는 지하에 들어가 버렸다는 것이 믿어지지 않았습니다. 그것도 열 명의 자녀들이 한꺼번에 이 지상에서 더 이상 만날 수 없게 사라져버렸다는 것이 저를 목이 메게 하였습니다.

저는 엉엉 울었어요.
목 놓아 울었어요.
다시는 볼 수 없다는 슬픔이 저를 견딜 수 없게 하였어요.

"아! 이제 내가 살아서 무엇하랴? 이렇게 자녀들을 나보다 먼저 보내고서 내가 무슨 재미로, 무슨 낙으로 살 수가 있단 말인가? 차라리 나를 데리고 가시지! 제발! 오 주여…"

자녀들을 졸지에 모두 잃어버린 아픔과 슬픔이 저를 견딜 수 없게 만들었습니다. 고상하게 범죄하지 않으려고 저의 의를 지키며 신앙적으로 지금까지 일어났던 일들을 해석하던 저는 크게 목 놓아 울었습니다.

믿을 수가 없다!
아니 이것은 꿈일지 몰라.
어떻게 이런 일이 나에게 일어날 수가 있단 말인가?

저는 꿈이기를 바라며 목 놓아 울었어요. 슬픔이 저의 목을 치고 올라와서 참을 수가 없었으며 그 울음은 마치 짐승의 외치는 소리같이 황량하게 울려 퍼졌습니다.

하나님! 정말 너무 하시는 것 아닌지요?
제가 무엇을 그렇게 잘못했다고 이런 아픔을 주시는지요?

제가 다시는 우리 자녀들을 품에 껴안을 수가 없다는 것이 정말입니까? 그들이 손자들을 낳아 할아버지로서 행복을 함께 나누고자 하였던 것도 이제 꿈으로 돌아갔나요? 저는 흐느껴 울고 또 울었습니다. 진물이 난 종기를 다시 긁었습니다. 하지만 저의 가슴은 육체적 종기보다 더 무서운 종기로 괴로워 견딜 수가 없었습니다. 그것은 자녀들을 잃은 슬픔이었습니다.

너무나 보고 싶기에,
너무나 그립기에,
자녀들을 생각하며 목 놓아 울기 시작했습니다.
이것은 뜨거운 용광로의 쇳물처럼, 저의 목을 타고 저의 가슴을 태우며 흘러내렸습니다. 그 울음은 짐승의 울음소리보다 더 참담했고 온 동네에 울려 퍼지기 시작했습니다.

한 번만 더 그들을 볼 수 있다면,
한 번만 더 그들의 목소리를 들을 수 있다면,
한 번만 더 이 지상에서 그들을 껴안을 수 있다면,
주님, 해도 정말 너무 하셨습니다.

그러나 저의 입에서 그런 말을 하지 못하였습니다. 저의 심장은 슬픔으로 가득 찼고 저의 눈은 눈물로 가득 찼고 입에서는 슬픔의 노래가 강이 되어 흘러나왔습니다.

생각하여 보라 죄 없이 망한 자가 누구인가 정직한 자의 끊어짐이 어디 있는가 내가 보건대 악을 밭 갈고 독을 뿌리는 자는 그대로 거두나니 다 하나님의 입 가운데 멸망하고 그의 콧김에 사라지느니라

제2부 친구들과의 변론

욥기 4장-37장

엘리바스-죄 없이 망한 자가 어디 있느냐?

"데만 사람 엘리바스가 대답하여 이르되 누가 네게 말하면 네가 싫증을 내겠느냐 누가 참고 말하지 아니하겠느냐 보라 전에 네가 여러 사람을 훈계하였고 손이 늘어진 자를 강하게 하였고 넘어지는 자를 말로 붙들어 주었고 무릎이 약한 자를 강하게 하였거늘 이제 이 일이 네게 이르매 네가 힘들어 하고 이 일이 네게 닥치매 네가 놀라는구나 네 경외함이 네 자랑이 아니냐 네 소망이 네 온전한 길이 아니냐 생각하여 보라 죄 없이 망한 자가 누구인가 정직한 자의 끊어짐이 어디 있는가" 욥 4:1-7

저에게 괜찮은 친구들이 있다고 앞에서 말씀을 드렸습니다. 그 중의 하나가 데만 사람 엘리바스예요. 이 친구는 데만에서 살고 있는데 거기는 제가 살고 있는 우스와 가까운 곳에 있는 동네구요. 데만에는 많은 지혜자들이 살고 있는데 이 친구도 그 중의 하나입니다.

평소에 저는 이 친구의 변론이나 세상에서 들을 수 없는 지혜의 강의를 듣는 것을 좋아했어요. 언제나 깊은 곳에서 무엇인가를 끌어올리는 그러한 친구였지요. 그래서 저는 내심 그를 자랑스럽게 생각했고 그가 친구라는 것이 흡족하기도 하였습니다.

그 친구가 저를 찾아와서 칠일 동안 고통을 함께 나누어 주었습니다. 그런데 칠일이 지나고 저의 고통을 지켜보고만 있었던 엘리바스가 드디어 입을 열었어요. 그는 저를 찾아온 세 친구 중 가장 연장자였습니다.

그는 먼저 제가 예전에 이러한 일을 어려움을 당하던 사람들, 특별히 약한 자들을 세워주었던 것을 상기시켜주었습니다. 그러면서 엘리바스는 "하나님 앞에서 죄 없이 망한 사람이 어디에 있는가(?)"라는 질문으로 저에게 말문을 열었습니다. 다시 말하자면, 제가 재앙을 만나게 된 것은 무엇인가 하나님 앞에서 범죄한 것이 있기 때문이라는 뜻이었습니다.

"내가 보건대 악을 밭 갈고 독을 뿌리는 자는 그대로 거두나니" 4:8

이 재앙도 제가 심은 대로 거둔 결과로서 악을 밭 갈고 독을 심었기 때문에 오늘의 재앙이 저에게 임하였다는 주장이었습니다. 엘리바스는 자주 이상을 보고 하나님과 대화를 하는 그런 사람이었습니다. 그는 자신이 계시 받은 것을 저에게 알려주었어요. 그가 하나님의 세미한 음성을 들었는데, 그 내용인즉 다음과 같았다고 합니다. 저는 그 내용을 믿습니다.

"그 영이 서 있는데 나는 그 형상을 알아보지는 못하여도 오직 한

형상이 내 눈 앞에 있었느니라 그때에 내가 조용한 중에 한 목소리를 들으니 사람이 어찌 하나님보다 의롭겠느냐 사람이 어찌 그 창조하신 이보다 깨끗하겠느냐"4:16-17

그리고 저에게 점잖게 권면하였어요.

"이제 하나님 앞에 죄를 자복하고 하나님께 모든 것을 의탁하여라. 나 같으면 벌써 그렇게 했을 것이다."

그러면서 하나님은 구원자이시기 때문에 분명 이 모든 악한 재앙으로부터 저를 구원해 주실 것이며 다시 모든 재산과 자손들의 회복이 있게 될 것이라고 말해주었습니다.

"하나님은 아프게 하시다가 싸매시며 상하게 하시다가 그 손으로 고치시나니 여섯 가지 환난에서 너를 구원하시며 일곱 가지 환난이라도 그 재앙이 네게 미치지 않게 하시며"5:18-19

엘리바스의 말을 정리해 보면 저는 범죄하였고 그 죄로 인해 고난에 처하게 되었다는 것입니다. 그러니 다른 변명을 하지 말고 그 고난죄값을 순순히 받아들일 것과 하나님의 징계를 무시하지 말라고 하였습니다. "지금 받고 있는 고통은 죄 값을 치르는 것이므로 무슨 다른 길이 있겠는가?"라는 뜻이었습니다.

하지만 그의 말은 하나님께 회개하고 돌아오면 하나님은 또한 구원하신다는 충고이기도 했습니다. 그런데 평소에 그렇게 듣기를 원했던 지혜자 엘리바스의 입에서 나오는 충고들이 이번에는 왜 이렇게 고통스럽게 들렸을까요? 저녁 만찬을 하며 밤하늘의 별들을 바라보면서 인생을 논했을 때에 그렇게 참신하고 깊은 지혜로 들리던 엘리바스의 변론이 오늘따라 절망적으로 들리는 이유는 무엇이었을까요? 힘든 것을 넘어서서 저의 마음에는 알 수 없는 분노가 올라오기 시작했습니다.

그렇게 존경했던 친구, 그렇게 자랑스럽게 여겼던 친구의 말이 오늘따라 가슴을 파헤치는 독을 품은 말로 들리는 이유는 무엇일까요? 친구의 말이 저를 위로하는 것이 아니라 저의 가슴을 칼로 베는 것 같은 통증을 가져다주는 이유는 무엇일까요? 마치 그의 충고들은 저의 종기 위에 또 종기를 더하는 것처럼 견딜 수 없는 고통을 주었습니다.

엘리바스! 정말 내가 존경하고 좋아하던 친구, 그 엘리바스가 맞아? 어떻게 나의 존경하는 친구, 지혜자인 친구 엘리바스가 이런 말을 거침없이 나에게 할 수 있단 말인가? 저의 가슴은 조여왔고 통증 위에 통증으로 울 수조차 없었습니다. 저는 처음에 너무 황당하여 저의 귀를 의심할 정도였습니다. 정말 내 친구가 맞나?

숨겨져 있던 저의 본성이 꿈틀거리며
드러나기 시작했습니다

"욥이 대답하여 이르되 나의 괴로움을 달아 보며 나의 파멸을 저울 위에 모두 놓을 수 있다면 바다의 모래보다도 무거울 것이라 그러므로 나의 말이 경솔하였구나 내가 언제 너희에게 무엇을 달라고 말했더냐 나를 위하여 너희 재물을 선물로 달라고 하더냐" 욥 6:1-3,22

친구 중 가장 연장자인 엘리바스의 변론이 끝나자, 저는 저의 순수함과 의로움을 변호해야만 했습니다. 그가 저를 책망하고 있는 근거를 적절하게 내놓지 못하였기 때문입니다.

저는 저의 재앙을 한번 달아보고 싶었어요. 그렇다면 그것은 바다 모래보다도 더 무거울 것입니다. 하나님께서 친히 저에게 주신 고난의 무게를 달아보고 싶었어요. 그리고 이 억울함도 저울에 달아보고 싶었어요.

저는 지금 죽어도 좋습니다. 그리고 하나님께서 데려가도 저는 불평하지 않을 것입니다. 지금까지 저는 이러한 재앙으로 인하여 하나님께 불평하지 않았어요. 입으로 범죄하지 않았어요. 저는 지금 아무 것도 할 수 없는 상태이며, 하나님을 경외하는 것도 이제 지친 상태입니다. 죽음을 기다리고 있는 자입니다. 기력도 없고 지혜도 없고 도울 수도 없고 아무 것도 없는 상태입니다.

그러한 저에게 위로는 못해줄 망정 이렇게 참담하게 죄인으로 몰아붙이다니요? 제가 그들에게 어떤 도움을 요구한 것도 아니고 먹을 것을 달라고 한 것도 아닙니다. 그리고 재물을 주어서 회복하게 해 달라고도 하지 않았습니다. 저를 구원해 달라고도 하지 않았습니다.

그런데 어떻게 엘리바스가 이런 말을 할 수 있습니까? 저는 엘리바스가 저를 책망하는 이유를 알고 싶었습니다. 어떤 근거로 내가 죄인이라는 말인가? 그 근거를 제시하라고 저는 친구에게 말했습니다. 저는 이 친구들이야말로 고아들을 압제하고 친구들을 팔아넘길 자들인 것을 알았습니다.

저는 있는 기운을 다 짜내서 말했습니다.

"나도 너희가 불의한 것이 없기를 바란다. 나에게 어디 불의한 것이 있느냐? 있다면 근거를 대봐라. 그러면 내가 수긍을 하겠다."

저는 친구의 충고에 지옥을 경험하였지요. 어떤 자비도 없고 긍휼함도 없고 따듯함도 없는 지옥을 경험했어요. 철저하게 저는 혼자가 되었습니다. 돈도 없고 자식도 없고 건강도 없는 저는 어떤 말도 할 권리가 없었으며 심지어 친구들에 의해 난도질을 당하였지만 저를 변호할 수 있는 그 어떤 힘도 없었습니다.

저는 한마디로 친구들에게 죄인이었어요. 아무 것도 가지지 못한 비참한 자의 억울함이 저를 덮어버렸습니다. 제가 가진 것이 없는 알몸 거지가 되었으므로 죄인이었어요. 제가 몸이 죽어가고 있기 때문에 죄인이었어요. 제가 재앙을 받았으므로, 자녀를 졸지에 다 잃어버렸으므로 죄인이었습니다.

저는 아무 것도 죄를 범한 것이 없었지만 죄인에게 내린다는 모든 재앙으로 인하여 저는 죄인 취급을 받아야 했으며 심장을 도려내는 비난의 말들을 고스란히 받아야 했습니다.

왜냐하면 이제 저는 그들에게 도움을 주는 친구가 아니라 도움을 구하는 거지가 되었으며 죄인으로서 심판을 받고 만천하에 숨겨진 죄악이 드러난 몹쓸 사람이었기 때문입니다.

저는 죽고 싶었습니다.

제가 죽을 수 있다면, 이러한 질병의 고통으로부터 해방될 수도 있다면 더 이상 죄를 범하지 않고 하나님께로 나아갈 수 있기 때문입니다.

저도 유익한 책망에 대하여는 들을 준비가 되어 있었어요. 그렇지만 지금 친구의 책망이나 변론은 잘못된 것입니다. 그들이 날카롭게 저의 죄를 들추어내려고 하는 것보다 제가 더 참을 수 없었던 것은 친구에게서 전혀 사랑을 발견할 수 없었기 때문입니다. 이런 친구를 제가 존경하고 좋아하였다는 것이 믿을 수가 없었습니다.

그래서 저의 마음은 더욱 더 완강하게 닫혀가고 있었으며 마음의 분노는 저의 한계를 자극해서 숨겨져 있던 저의 악한 본성을 서서히 자극하고 있었습니다.

또 하나의 숨겨진 두려움이 저에게 현실화되기 시작했어요. 그것은 진짜 '나'와의 대면이었습니다.

부유할 때, 평화로울 때, 존경받고 형통할 때, 나타나지 않는 나의 겉사람이 나타날 것 같은 두려움이었지요. 한계에 부딪쳤을 때 그동안 숨겨져 있던 저의 본성이 어떻게 드러날지 사실 두려웠습니다. 그런데 그러한 본성이 안에서 꿈틀거리며 드러날

준비를 하고 있었던 것입니다.

저는 또한 친구들에게서 질투를 보았어요. 그 친구들이 평소에 저에 대하여 얼마나 깊은 질투를 하고 있었는지 직접 저의 눈으로 확인했습니다. 평소에 저의 집에 와서 저와 아내를 칭찬했지만 그 마음 속 깊은 곳에는 모든 일에 형통한 저를 질투하고 있었던 것입니다. 그러니까 이런 현장에 와서 비수와 같은 말을 하는 것이었죠. 정말 그들이 저에 대한 사랑이 있었다면 당연히 위로를 했을 것입니다. 그러나 그들은 잘 나가고 있던 저에게 어떤 한恨이 맺혀 있던 것처럼 입에 담을 수 없는 말로 저를 난도질하기 시작했어요. 그들의 모습에서 원수를 갚고 싶은 모습을 보았고, 제가 그렇게 된 것이 너무 고소하다는 표정을 보았습니다. 아마 저에게 많은 설움을 당했던 것 같아요.

주께서 저를 찾아도 제가 없으리이다

"주께서 어찌하여 내 허물을 사하여 주지 아니하시며 내 죄악을 제거하여 버리지 아니하시나이까 내가 애써 찾으실지라도 내가 남아 있지 아니하리이다" 욥 7:21

저는 이제 아무도 저와 함께 하지 않는다는 것을 깨달았습니다. 친구들과 함께 하고 있었지만 마음은 전혀 하나가 아니었습니다. 그 친구들은 마치 저를 심판하기 위해 세심하게 죄를 찾는 사람처럼 보였어요. 저의 죄를 정죄하기 위해 눈에 불을 켜고 저를 바라보고 있는 것 같았어요. 얼굴에는 마침내 저의 죄를 찾아내어서 무척 기쁘다는 표정이 보이기도 하였어요. "잘 되었다. 네가 이렇게 되기를 얼마나 바랬는데" 하면서 특별한 기회를 포착한 듯, 저에게 대적하며 달려들었습니다. 잘 나가기로 유명했던 저에 대한 질투와 설움이 한꺼번에 나타나는 것 같았어요.

앞에서 말씀드린 것처럼, 저의 친구들이 본의 아니게 저로부터 설움을 당한 적이 있었던 것 같아요. 아마 저도 모르게 은근히 그들에게 저를 과시하기도 하고 그들에게 상처를 주기도 했을지 모르겠습니다. 가진 자들만이 갖고 있는 어떤 교만이 저도 모르게 그들에게 상처를 입혔는지도 모르겠습니다.

저는 그들과 함께 앉아있었지만 그들과 함께 하지 않고 있었습니다. 그들은 심판자요 저는 죄인이었기 때문입니다. 아내도 저에게 하나님을 욕하고 저주하고 죽으라고 말하였습니다. 죽은 자녀들은 저에게 더 이상 어떤 말을 하지 못하고 침묵을 지키고 있었어요.

이제 아무 것도 남지 않고 육체까지 썩어들어가는 저는 엎친 데 덮친 격으로 주위에 아무도 없는 것을 깨달았어요. 이러한 고통이 여러 달째 계속되었습니다. 저의 몸은 구더기와 흙덩이가 의복처럼 입혀졌고 저의 피부는 굳어졌다가 터져버렸습니다.

> "이와 같이 내가 여러 달째 고통을 받으니 고달픈 밤이 내게 작정되었구나 내가 누울 때면 말하기를 언제나 일어날까, 언제나 밤이 될까 하며 새벽까지 이리 뒤척, 저리 뒤척 하는구나 내 살에는 구더기와 흙덩이가 의복처럼 입혀졌고 내 피부는 굳어졌다가 터지는구나"
> 7:3-5

그런 고통이 계속되었지만 저는 완전히 혼자였어요. 친구도, 아내도, 종들도 저의 편은 아니었어요. 저의 고통과 함께 하는 이들은 아무도 없었으며 또 함께 할 수도 없었을 것입니다. 저는 이것이 지옥임을 알았어요. 모든 관계가 이렇게 허물어지고 철저하게 혼자임을 느끼는 뼈아픈 고독이 있는 장소가 바로 지옥인 것이었습니다. 모두가 둘러앉아서 심판하고 비방하며 정죄하는 장소가 바로 지옥이었습니다. 저는 이러한 깊은 지옥을 땅에서 미리 맛보고 있었습니다.

결국 저는 주님을 바라보지 않을 수 없었어요. 하지만 이제는 저를 축복해주시고 위로해주시는 하나님이 아니라 원망의 대상이 되어버린 하나님이었습니다. 아무도 주위에 없다고 판단한 저는 저의 눈을 하나님께 돌리기 시작했어요. 그 절박한 상황에서는 오직 하나님만이 저의 호소를 들어주실 것 같았기 때문입니다.

그런데 그 하나님도 사실 위로가 되지 않았어요. 만일 그 하나님이 저를 위해서 무엇인가를 해 주실 수 있다면 그것은 저를 거두어 가시는 것일 거예요. 더 이상 이 세상의 삶이 저를 고통 가운데 버려두지 않도록, 저의 생명을 거두어 가시는 것입니다.

"내가 생명을 싫어하고 영원히 살기를 원하지 아니하오니 나를 놓으소서 내 날은 헛 것이니이다" 7:16

왜 저를 살려두고 분초마다 시험하십니까?
왜 저를 과녁삼고 저의 죄를 심판하시나이까?
왜 저에게 눈을 고정하시고 이토록 괴롭게 남겨두십니까?

왜 저를 용서하지 않으시고 사함을 주지 않으십니까?
도대체 이 비참하고 참담한 신세를 어느 때까지 계속하고 저를 괴롭히실 것입니까?

주여! 저에게 마지막 은총을 베풀어주시옵소서!
저를 거두어 가시고 숨을 쉬지 못하게 하시며 주님이 이곳에 오셔서 아무리 찾으려고 해도 주님이 찾을 수 없는 존재가 되게 하소서!

저는 처참한 심정으로 하나님께 목숨을 거두어 가 달라고 기도하였습니다. 그것이 하나님께서 저에게 베푸시는 가장 큰 선물이요, 마지막 축복인 것을 알았기 때문입니다.

저는 결국 친구도, 아내도, 아무도 저에게 도움이 되지 못하는 것을 알고 하나님에게로 저의 눈을 돌리기는 했지만 감사와 찬양이 아니라 원망의 호소를 하고 있었습니다.

주님, 부디 죽여 주세요!
내 생명을 거두어 가세요!
이제 그만 저를 놓아주세요!

저는 두 가지를 더 깨달았습니다

저는 이러한 고난을 겪으면서 두 가지를 더 깨달았습니다. 첫째로 제가 진실로 주님과 단독적으로 대면한 적이 없다는 것을 알았지요. 둘째는 제가 무엇인가 율법을 지킴으로서 하나님으로부터 사랑을 받는다고 생각한 것이 오해였음을 알았어요.

그동안 저는 제가 가지고 있는 넉넉한 소유와 친구들로 인해 절박하게 하나님을 바라볼 필요가 없었습니다. 저의 풍부한 소유, 친구, 가족, 명예, 이런 것으로 인해 하나님을 바라보지 못하였고 실상은 그것들이 저의 우상이 되어 있었음을 깨달았어요. 하나님은 단지 이 소유를 지켜주시는 분으로 대하였고 저와는 인격적인 교제가 없었던 것을 깊이 체험하게 되었습니다. 소유가 넉넉하므로 그것이 저에게 든든한 후원자가 되었고 굳이 하나님을 바라보지 않아도 되었기 때문입니다. 하나님이 저에게 소중하였던 것은 이러한 소유를 지켜주시는 분으로서의 의미만 더 강하였던 것 같았습니다.

정말입니다. '하나님'이라는 존재에 대하여는 그렇게 깊은 인격적인 만남이 없었어요. 그 능하신 손으로 저에게 축복을 주시고, 주신 축복을 지켜주시기만을 바랐던 것을 깨달았습니다. 저는 아무 것도 없는 형편에서 주님을 다시 바라보게 되었어요. 주님이 주신 소유가 없어지자 비로소 '주님'이라는 존재에 관심을 갖게 되었습니다.

또한 저의 인생이 얼마나 자유롭지 못하였는가를 조금씩 깨달아가기 시작했습니다. 저는 무엇인가를 지키기 위하여 애를 써 온 자신을 보았고 그 율법적이고 종교적인 생활이 저를 자유롭게 한 것이 아니라 언제나 굴레가 되었고 마음의 평안을 빼앗아갔던 요소라는 것을 알게 되었습니다.

그래서 무엇인가를 지키지 못했을 때에는 여전히 마음의 불안과 공포가 찾아왔고 지키면 지킬수록 더욱 평강과 자유함을 잃어버렸던 거예요. 한 가지만 지키지 않아도 전체를 지키지 않는 율법과 똑같았습니다. 그래서 저의 마음은 한 번도 쉼이 없었고 자유함이 없었습니다.

"내가 하나님의 은혜를 폐하지 아니하노니 만일 의롭게 되는 것이 율법으로 말미암으면 그리스도께서 헛되이 죽으셨느니라" 갈 2:21

무엇인가를 하나님 앞에서 지켜드리지 못한 것 같기도 하였고 하나님께서 그것으로 인하여 노여움을 가지셨을 것 같은 공포가 있기도 하였습니다. 그것은 결국 죄책감이었습니다. 그 죄책감은 제가 어디엔가 매여 있게 하였고 저를 자유롭게 놓아두지 못하고 가두어두는 요소가 되었던 것입니다. 은혜 없이, 복음 없이, 율법의 종 노릇하였다는 것을 깨달았습니다. 저는 이러한 상황에서 율법이 저에게 어떤 역할을 했는지 다시 생각해보게 되었습니다. 그러한 율법에 얼마나 큰 노예로 살아왔었는지 마음으로 조금씩 깨닫기 시작했습니다.

그러면서 '하나님'의 존재에 대한 관심이 새롭게 일어나면서 그동안 하나님이 가지고 계신 것, 하나님이 주시는 것, 하나님의 선물에 관심을 가졌던 저는 '그분이 누구이신가?' 단독적으로 그분 앞에 서서 질문하기 시작했습니다.

하지만 이렇게 그분 앞에 단독적으로 서 본 적이 없었던 저는 어떻게 그분과 대화하며 교제하는지 알 길이 없어서 투정부터 하기 시작했던 것입니다.

빌닷 – 악인의 장막은 없어지리라

"하나님을 잊어버리는 자의 길은 다 이와 같고 저속한 자의 희망은 무너지리니 그가 믿는 것이 끊어지고 그가 의지하는 것이 거미줄 같은즉 그 집을 의지할지라도 집이 서지 못하고 굳게 붙잡아 주어도 집이 보존되지 못하리라" 욥 8:13-15

저의 귀는 참으로 괴로웠습니다. 몸에서는 피가 나고 종기가 저를 괴롭혔지만 더욱 괴로운 것은 귀를 통해 들어오는 친구들의 고문이었습니다. 친구들은 계속해서 저를 정죄하였고 저의 삶이 뿌리째 뽑혀 하나님과 땅도 기억하지 않는 존재라고 정죄하기 시작하였습니다.

엘리바스가 저의 종기 난 몸을 두드려 팼다고 한다면, 그래서 피가 줄줄 흐른다고 한다면 빌닷 역시 그 상처 위에 몽둥이를 들고 두드려 팰 준비를 하고 있는 것 같았습니다. 그래 어디 때려 봐. 때릴 곳이 있으면 더 때려봐. 더 이상 두드려 팰 곳이 없도록 내려 쳐 봐. 저는 매를 맞을 의연한 준비를 하고 불쌍한 죄인의 모습으로 앉아있었습니다.

친구 빌닷이 다시 입을 열었습니다. 제가 자기의 의를 주장하고 옳다는 것을 변론하는 것처럼 들렸는지 그도 입을 열었습니다.

엘리바스와 달리 빌닷은 전통을 들고 나왔습니다.

"청하건대 너는 옛 시대 사람에게 물으며 조상들이 터득한 일을 배울지어다" 8:8

곧 하나님께서 저에게 내린 것이 곧 공의의 심판이며 저의 자녀들에게 숨겨진 죄가 있으므로 이런 일이 일어났으니 열심히 하나님께 회개하고 도움을 구하라는 것이었습니다.

결국에는 제가 하나님을 믿지 않았으며 하나님을 믿는 믿음이라는 땅에 서지 못하였으며 자녀들이 숨겨진 죄악이 있어서 이제 뿌리채 뽑히는 생활을 하게 되었다고 주장하는 것이었습니다.

저는 계속해서 귀를 통한 고문을 받기 시작했어요. 몸도 괴롭지만 귀를 통하여 저의 마음을 도려내는 듯한 정죄가 더욱 저를 괴롭게 했습니다. 또한 저는 공개처형을 당하는 것과 같이 괴로웠어요. 친구들이 저를 코너에 몰아놓고 모두가 다가와 한방씩 힘차게 내리치고 때리고 하여도 피할 곳 없이 당해야 하는 아픔을 느꼈습니다.

"너를 미워하는 자는 부끄러움을 당할 것이라 악인의 장막은 없어지리라" 8:22

빌닷의 이 말이 저를 미워하는 자를 향해 한 것인지 저에게 직접 두고 하는 말인지 확실하지 않았으나 결국 모든 것을 잃어버린 저에게 던진 가슴 아픈 말인 것을 느낄 수가 있었습니다.

저는 잘 곳도, 친구도, 가족도, 건강도, 하나님도 없는 뿌리가 뽑힌 나무와 같이 이 땅에서 아무도 기억하지 않고 사라져 버릴 악인과도 같이 비판을 받아야 했습니다. 그렇습니다. 제가 아무리 저의 의를 주장하고 있어도 현실은 친구들의 주장이 옳다고 협조하고 있었습니다.

저의 현실이 이미 뿌리가 완전히 뽑힌 것이 아니었지만 친구들은 힘을 다하여 저를 뿌리째 뽑아 버리려는 음모를 하는 것 같아서 괴로웠습니다.

주여! 저를 도우소서!
누가 이 고통을 알겠습니까?

저의 심장에서는 다시 피를 토하는 절규가 나오기 시작했어요. 저보다도 의롭지 못한 친구들로부터 정죄를 받아야 하는 저의 괴로움과 고통을 누가 이해해줄까요? 저보다 다 의로워서 하나님의 심판을 받지 않은 것처럼 정죄하는 친구들의 말이 저의 가슴을 도려내고 있었으며, 죽은 자녀들의 영혼까지 참담한 죄인으로 만들어버린 친구들의 심판이 지금까지 살아온 저의 경건한 인생을 뿌리 째 뽑아버리고 있었습니다.

주님! 아시지요? 저는 원통합니다

"내가 하나님께 아뢰오리니 나를 정죄하지 마시옵고 무슨 까닭으로 나와 더불어 변론하시는지 내게 알게 하옵소서" 욥 10:2

저는 친구들이 그렇게 말하는 것을 십분 받아들였어요. 하나님이 하시는 일을 우리가 어찌 감히 이렇다 저렇다 말할 수가 있겠어요? 하나님은 영원히 의로우시기 때문에 그분이 하시는 기이한 일을 평가하고 막을 수 없다는 것을 저도 인정했어요.

하나님이 빼앗아 가시겠다면 누가 막을 수 있겠어요? 9:12 누가 그 이유를 물을 수 있겠어요? 그리고 제가 부지런히 그분을 찾고 도움을 구하였다고 하여도 제가 그 도움을 받는다고 생각할 수 없는 것은 그가 폭풍으로 저를 꺾으시고 까닭 없이 내 상처를 많게 하시고 숨도 쉴 수 없는 괴로움 가운데 있게 하셨기 때문입니다 9:17-19.

하지만 주님이 자비로운 모습으로 저에게 나타나신다면 저는 당당하게 저의 참 모습을 주님께 알릴 수도 있고 저의 정당함을 말할 수도 있을 것입니다 9:34-35. 두려움 없이 자초지종을 말하면서 저의 정당함을 말할 수도 있을 것입니다.

저는 하나님께 호소했어요.

하나님 제가 왜 이 고통을 당해야 하는지 그 이유를 알기 원합니다.
왜 이러한 미약한 자를 심판하시고 힘들게 하세요?
주님은 제가 악한 존재가 아닌 것을 아시면서 왜 이렇게 고통을 주시며 친구들로부터 정죄를 받게 하십니까?
주의 손으로 만드시고 왜 멸망하게 하세요? 10:8
왜 흙에서 빚어 저를 만드시고 다시 흙으로 돌려보내시는지요? 흙으로 빚어서 뼈와 힘줄을 입혀주시고 생명을 주시고 왜 저를 멸망으로 끌고 가시는지요? 10:11
왜 저를 태에서 나와서 살게 하셨나이까?
이렇게 되려고 하였다면 저를 차라리 죽게 하시지 않고.

하나님!
하나님!
그 이유를 알기를 원합니다.
말씀해주세요.
저는 친구들의 정죄로 인하여 귀가 고문을 받고 있으며 마음은 찢어지고 있습니다.

하나님이여!

하나님이여!

말씀해주세요!

주님이 지으신 것을 이렇게 학대하시고 멸시하시는 이유가 무엇인지요?

악인들의 정죄를 정당하게 받아들이시는 이유가 어디에 있습니까?

주님! 아시지요?

저는 원통합니다.

주님은 사람이 보시는 것처럼 보시지 않는다는 것을 압니다.

주님도 저의 죄를 찾고 계시나이까?

하나님!

저는 원통합니다.

소발-네 손에 죄악이 있거든 멀리 버리라

"네 손에 죄악이 있거든 멀리 버리라 불의가 네 장막에 있지 못하게 하라"
욥11:14

오늘은 드디어 나아마에 사는 친구 소발이 또 입을 열어 저를 향해 말하기 시작했어요. 소발은 친구들 가운데 가장 나이가 어린데 연장자인 친구들이 말을 하니까 입을 다물고 있었던 것 같습니다. 하지만 자신도 무엇인가 한마디 해야겠다고 생각했는지 신중하게 입을 열었어요.

소발은 마치 제가 하나님 앞에서 깨끗한 존재로 착각하고 있음을 지적하여 주었어요11:4. 그리고 저의 숨겨진 죄악이 얼마나 큰지 이러한 하나님의 벌하심이 오히려 그 죄를 따라가지 못한다고 말했습니다.

그는 하나님은 높고 광대하시며11:8 모르시는 것이 없으시며 인간의 모든 생활사를 다 보고 계신다고 주장합니다. 그러므로 그러한 광대한 분이 저의 숨겨진 죄악도 보고 계시며 다 알고 계시다는 것을 말하여 주었습니다.

소발은 어서 숨겨진 죄악을 하나님 앞에 고하고 자유롭고 담대한 생활을 누리라고 권고했습니다. 저는 그의 변론에서 하나님은 악하지 않은 자를 벌하지 않으시는 분이시며 지금 제가 받고 있는 재앙도 역시 하나님이 저를 악한 자로 보시고 벌한 것이라는 주장을 읽을 수 있었습니다.

다른 친구들과 전혀 다를 바 없는 주장을 펴고 있는 소발에게서 저는 또 한 번 마음의 분노가 일어나기 시작했습니다. 지금 받고 있는 재앙이 오히려 저의 죄와 비교하면 너무 가벼운 것이 아니냐는 것이었습니다.

주님, 이렇게 잔인한 말이 어디 있습니까? 실제로 나의 죄의 무게로 재앙이 내렸다고 한다면 오히려 더 큰 것이 되어야 한다는 친구의 주장을 제가 어떻게 받아들여야 할까요? 친구들의 주장은 저의 마음을 편안하게 하고 위로한 것이 아니라 재앙으로 받은 피해보다 더 큰 상처를 저의 마음속에 심어주고 있습니다. 이제는 몸의 고통보다도 자녀를 잃은 슬픔보다도 친구들이 입으로 저의 가슴을 찢어내는 고통이 더 크게 느껴지기 시작합니다. 제가 받고 있는 재난도 가슴 아픈 것이지만 그 재난에 대하여 평가하는 친구들의 경솔함이 저의 가슴을 더 아프게 하였으며 견딜 수 없는 고통으로 몰아넣습니다.

오! 친구여!

당신들이 할 수 있는 것이 고작 이런 것이었는가?

자네들이 할 수 있는 위로가 고작 이런 것이었는가?

자네들이 친구에게 베푸는 사랑이 이렇게 참담한 칼같이 가슴에 남기는 상처였는가?

저는 친구들이 저의 가슴에 못을 박고 가슴을 찢어내는 말 때문에 귀를 막고 싶었습니다.

주여! 할 수만 있다면 이 친구들이 저의 시야에서 어서 사라지게 하옵소서!

주님! 저는 의(義)롭습니다

"보라 내가 내 사정을 진술하였거니와 내가 정의롭다 함을 얻을 줄 아노라 나와 변론할 자가 누구이랴 그러면 내가 잠잠하고 기운이 끊어지리라" 욥 13:18-19

저는 친구들만큼 어리석은 사람도 아니에요. 그들만큼 지혜도 없는 사람이 아니에요13:2. 그들만큼 또 의로운 자이기도 합니다. 친구들이 말하는 것이 원리원칙에서 하나도 어긋나지 않음도 압니다.

그러나 저는 도무지 하나님께서 저를 이렇게 다루시는 이유를 알지 못하겠어요. 정말 친구들처럼 제가 죄인이기 때문에 이런 참혹한 일을 당하게 하신다고 생각하지 않거든요. 그렇다면 하나님까지 불의한 분이 되실 것입니다. 친구들의 말은 하나님의 정당함에 대하여 거짓말을 하는 것이라는 생각이 들었습니다.

"너희는 거짓말을 지어내는 자요 다 쓸모없는 의원이니라" 13:4

그렇습니다.

의롭고 순전한 자가12:4 조롱을 당한다는 것이 도무지 이해가 되지 않습니다. 하나님에게 인정을 받는 제가 이웃에게 웃음거리가 된다는 것이 이해가 되지 않아요. 왜? 왜 하나님은 의롭고 순전한 자를 친구들과 세상 사람들 앞에서 조롱을 당하게 하시는 것일까요? 저는 모든 지혜와 권능이 하나님에게 있음을 압니다. 친구들이 이것을 알았다면 저도 알았고 친구들이 그것을 들었다면 저도 들었습니다. 그들이 아는 것만큼 저도 알고 있습니다.13:1-2

저는 친구들에게 오히려 잠잠하게 있는 것이 더 현명한 일이 될 것이라고 충고했어요13:5. 하나님이 죽이시면 저도 순종할 것이며 하나님이 고통을 당하라면 저도 당할 것입니다. 그러나 이제는 하나님에게 변론을 하고 싶어요. 저의 정당성과 의를 위하여 하나님과 논쟁을 하고 싶어요.

"하나님 저는 의롭습니다. 친구들이 말하는 그런 불의한 자가 아니에요. 친구들이 말하는 숨겨진 죄가 있는 자가 아니에요. 하나님이 아실 줄을 믿습니다."

주님! 부탁합니다. 이 두 가지 일을 저에게 행하지 마옵소서13:20.

첫째, 저를 대하실 때 얼굴을 피하지 말아 주세요. 주님 저와 대면하여 저와 대화를 좀 해주세요.

둘째, 저를 이렇게 다루지 말아주세요. 저에게 손을 대지 말아주세요. 저를 두렵게 하지 말아주세요.

저는 주님에게 간곡하게 부탁했어요. 주님도 저에게 말씀해 주시고 저도 주님에게 말할 수 있게 하셔서 서로 말하고 대답할 수 있게 해달라고 말입니다.

하나님, 제가 도대체 얼마나 많은 죄악 속에 있는 것인지 알게 하여 주세요. 제가 견딜 수 없는 것은 주님이 전혀 저에게 대답하지 않으시며 저와 대면하지 않으시며 저를 대적으로 여기시는 것입니다.

주님! 왜 그러시는지 얼굴을 맞대고 답을 해 주세요. 주님이 답을 해 주신다면 제가 순응하겠어요. 친구들의 지혜가 아니라 주님의 지혜와 대면하기를 원하오니 부디 저에게 나타나 주세요.

저는 하나님께 직접 대면하자고 부르짖기 시작했습니다. 그리고 저의 의로움을 하나님으로부터 직접 인정받기를 원하였습니다.

이 찰나적인 인생에 왜 이렇게 많은 시련이 있을까요?

"여인에게서 태어난 사람은 생애가 짧고 걱정이 가득하며 그는 꽃과 같이 자라나서 머물지 아니하거늘 이와 같은 자를 주께서 눈여겨 보시나이까 나를 주 앞으로 이끌어서 재판하시나이까?" 욥 14:1-3

저는 스스로 의로운 자라고 생각하였지만 이제 한계에 부딪치기 시작했어요. 저의 모습이 스스로에게도 보이기 시작했어요. 경건하고 말의 실수가 없고 덕을 세우던 저였지만 이러한 극한 상황에서는 저의 깊은 속에 있는 참담한 모습의 또 다른 어둠이 나타나는 것을 막을 수가 없었습니다. 그러한 저의 모습으로 인해 저는 더욱 절망하였고 실망하였고 괴로웠습니다.

참으로 인생은 순간적이며 초개와 같습니다. 그런데 그러한 인생 가운데 왜 이렇게 고난과 시련이 많은 것일까요? 저는 지금까지 이러한 시련과 고난이 저에게 현실이 되지 않도록 노력해 왔던 것을 발견했지요. 그러나 그렇게 노력하면 할수록 저의 마음은 두려움으로 가득 찼고 평안은 없었습니다. 그리고 결국 제가 생각한 것 이상으로 저는 혹독한 고통 가운데 들어가게 되었습니다.

순간적인 인생의 길, 그리고 주님이 막으시면 아무 것도 할 수 없는 이 제한된 인생에서 하나님은 왜 우리를 그 앞에 부르셔서 이 혹독한 심문을 하는 것인지 이해가 되지 않았어요. 저는 차라리 태어나지 않았더라면 좋겠다고 생각했어요. 이렇게 인생이 복잡하고 힘든 것이라면 차라리 안 태어났으면 좋았겠다고 생각했어요.

나는 왜 이 세상에 태어난 것일까요? 왜 하나님은 이러한 보잘 것 없는 인생을 왜 만드시고 감당하기 어려운 연단과 고통 가운데 몰아넣으시는 것일까요? 고통을 주기 위하여 인생을 만드셨나요? 이렇게 심문하기 위하여 인생을 만드셨나요?

하나님!
제가 차라리 태어나지 않았으면 좋았겠습니다. 왜 저를 만드셔서 살고 싶은 소망을 끊어버리시는 거지요? 이것이 저를 만드신 목적인가요? 저의 살이 너무 아프고 저의 마음이 너무 아픕니다. 하나님은 이 고통을 아시나요? 하나님은 이 살이 터지는 고통을 아시나요? 제가 이 고통을 당하는 것을 보시는 것이 주님에게 어떤 유익이 있으신가요? 하나님은 이 고통을 보시고 어떤 마음을 갖고 계시는 것인지요?

주님! 차라리 저를 음부에 감추셔서 주의 진노가 멈출 때까지 저를 숨겨 주세요.

엘리바스-악인은 그 일평생에 고통을 당하며

"그 말에 이르기를 악인은 그 일평생에 고통을 당하며 포악자의 햇수는 정해졌으므로 그의 귀에는 무서운 소리가 들리고 그가 평안할 때에 멸망시키는 자가 그에게 이르리니 그가 어두운 데서 나오기를 바라지 못하고 칼날이 숨어서 기다리느니라" 욥 15:20-22

저의 친구 엘리바스가 다시 입을 열었습니다. 그는 처음보다 더 강도 있게 저의 죄악상을 드러냈어요. 이러한 고통이 결코 죄 없이 임하지 않는다는 것을 더 강조하고 제가 받아들이기를 바라는 눈치였습니다.

그는 자신이 한 이야기가 지혜자의 말이며 결코 위조하거나, 헛된 지식에 근거하여 말을 하는 것이 아니라고 주장하였어요 15:2-3. 그리고 제가 이제는 하나님을 경외하는 일을 멈춘 자 같다고 비난하였어요. 그의 비난의 강도는 더욱 강하게 나타나서 저를 완전한 악인으로 정죄하기 시작했습니다. 그것은 마치 아래와 같이 저를 질책하는 것처럼 들렸습니다.

"나도 너만큼은 알고 있으며 너보다 나이도 많고 지혜가 있거늘 어떻게 우리가 하는 말들을 작은 위로로 받아들이느냐? 하나님으로부터 오는 것을 네가 부인하고 대적하느냐? 어떻게 사람이 깨끗하다고 주장할 수 있겠느냐? 악을 행하기를 물 마심 같이 하는 가증한 인간이 과연 무엇을 잘했다고 감히 주장할 수 있겠느냐?"

그리고 지혜로운 자들이 하는 말을 들어서 저를 다시 공격해 왔습니다. 지혜자가 말하기를 악인은 환난과 고통이 줄을 이어 계속되며 또한 악인은 그 손을 들어 하나님을 대적하며 교만한 자라고 말했습니다. 그러한 악인은 가난하게 될 것이며 어두운 데를 벗어나지 못하고 하나님의 긍휼에서 떠나 살게 되며 허망한 것을 속아서 살게 되며 "포도 열매가 익기 전에 떨어짐 같고 감람 꽃이 곧 떨어짐 같으리라"15:33고 말하였습니다.

포도 열매가 익기 전에 떨어지는 것을 우리는 가장 무서운 저주와 재앙으로 알고 있었지요. 그것은 전쟁이 일어난다는 뜻이었습니다. 평화로운 곳에서는 포도 열매를 따 먹을 수 있는 축복이 있지만 포도 열매가 익기 전에 떨어진다는 것은 우박, 홍수, 가뭄, 아니면 전쟁으로 인하여 열매를 따 먹지 못하는 헛수고와 재앙을 의미하였습니다.

엘리바스는 더욱 당당하게 제가 죄인임을, 악인임을 겸손하게 인정하라고 주장하기 시작했어요. 제가 악인임을 인정하고 하나님 앞에 회개하기를 바라는 그들 앞에서 왜 저는 회개하기를 거부하고 그 사실을 인정하기를 거부하였을까요?

저는 참으로 "내가 죄인이구나. 내가 악인이구나" 이것을 인정할 수가 없었어요. 저는 적어도 착하게 살려고 노력한 사람이었으며 남에게 덕을 베풀었고 하나님을 경외하였고 이웃들을 사랑한 사람이 아닌가요? 저를 악인이라고 한다면 악인이 아닌 사람이 어디에 있을까요? 왜 친구들은 저의 진심을 모르고 이렇게 혹독하게 몰아붙이고 있을까요? 왜 친구들은 저의 공로나 좋은 점을 기억하지 못하는 것일까요? 저의 영혼은 친구들로부터 위로를 받기 보다는 억울함과 원통함으로 부르르 떨며 속으로 찢어진 가슴으로 울고 있었습니다.

더욱 괴롭게 하는 안위자들이여!

"이런 말은 내가 많이 들었나니 너희는 다 재난을 주는 위로자들이로구나"
욥 16:2

계속되는 친구들의 변론은 저를 행복하게 해 주지 못했어요. 한 점 위로도 되지 않았어요. 오히려 더욱 고민하고 번뇌하게 만들 뿐이었습니다. 저는 그들이 저를 괴롭히려고 왔는지 아니면 위로하려고 왔는지 혼동이 되었습니다. 그래서 저는 그들을 '번뇌케 하는 위로자'라고 불평하였지요.

그리고 저는 입장을 바꾸어 생각해 보았습니다. 만일 엘리바스, 소발, 빌닷과 같은 친구들이 그러한 상황에 있다면 적어도 저는 그들을 위로하고 근심을 풀어주었을 것입니다. 이토록 괴롭게 하는 안위는 하지 않았을 거예요. 오히려 그들의 마음을 편안하게 하고 근심을 덜어주는 위로를 했을 것으로 믿었습니다.

그런데 저를 더 괴롭히는 사실이 있었습니다. 그것은 이 모든 고난이 하나님으로부터 주어진 것이며 왜 그분이 이 고난을 주시는지 이유를 알 수 없다는 사실이었습니다. 친구들이 저를 위로하지 못하고 근심을 풀어주지 못한다고 하여도 하나님은 저에게 근심을 풀어주고 그 이유를 분명하게 말씀해주셔야 하는데, 그것이 분명하지 않아 저의 마음은 더욱 번뇌하게 되었습니다.

저는 왜 하나님은 저보다 경건치 못한 자들로부터 이러한 수모의 말을 듣게 하시며 그들이 저를 치게 하시는지 이유를 알고 싶었습니다. 왜 하나님은 제가 평안하게 살며 행복하게 사는 것을 그치게 하시고 이렇게 제 목을 잡아 던지며 저를 부수며 저를 세워 과녁을 삼으셨는지 이해가 되지 않았습니다.

그것이 저를 더 섭섭하게 하여 고뇌에 빠지게 하였습니다.

그러한 가운데에도 주님은 저에게 진실한 증인이 되어주시고 저를 보호하고 인도하여 줄 것을 믿고 있었습니다. 주님은 진실한 증인이 되셔서 내가 살아온 모든 것에 대하여 보호하고 변론하여 주실 분으로 저는 고백하였습니다.

비록 친구가 조롱한다고 해도 하나님만이 나를 인정해주시고 위로해주신다면 저는 다시 힘을 얻을 수 있을 것 같았어요. 그분이 저를 변호해 준다면, 그분이 저를 악인이 아님을 선포해준다면 저는 어떤 조롱도 받을 수 있을 것 같았어요. 그런데 하나님은 계속 침묵하고 계시고 그분의 깊은 뜻을 알 길이 없었습니다.

이제 저는 웃음을 잃었고, 저의 얼굴에는 죽음이 드리우기 시작하였습니다.

저는 곧 죽을 것입니다. 다시는 돌아오지 못하는 길로 가게 될 것입니다. 이러한 원통한 마음을 품고서, 악인들의 정죄를 받으면서, 참소를 받으면서 저는 수년 내에 다시 돌아오지 못할 길로 가게 될 것입니다.

주님!
저를 대변하여 주세요.
저를 위로하여 주세요.
저를 위한 정당한 변호를 하여 주세요.
제가 정당하지 못한 정죄 당함으로 인하여 죽게 되었나이다.

이제 무덤만이 저의 희망입니다

"내가 스올이 내 집이 되기를 희망하여 내 침상을 흑암에 펴놓으매 무덤에게 너는 내 아버지라, 구더기에게 너는 내 어머니, 내 자매라 할지라도 나의 희망이 어디 있으며 나의 희망을 누가 보겠느냐 우리가 흙 속에서 쉴 때에는 희망이 스올의 문으로 내려갈 뿐이니라" 욥 17:13-16

이제 저는 더 이상 울 힘도 없고 더 이상 변론할 힘도 잃었어요. 하나님께 저의 보증자가 되어주기를 기도했지만 그것도 더 이상 기대하지 않아요. 친구들에게도 기대를 하지 않습니다. 그들은 지혜자가 아님에도 불구하고 저를 정죄하고 나무라고 죄인으로 몰아붙이고 있어요. 그들이 옳지 않음을 제가 알고 있습니다. 그들은 여전히 저에게 침을 뱉고 정죄를 하고 저를 분노로 몰아놓고 있어요. 하나님은 저를 백성의 속담거리가 되게 하셨고 친구들은 저의 얼굴에 침을 뱉었습니다.

저는 이제 죽는 것만이 저의 유일한 소망인 것을 알았습니다. 무덤을 아비로 삼고 구더기를 어미와 자매로 삼고 그 무덤에 들어가기를 소원하게 되었습니다. 저의 날도 다 끝났고 저의 계획, 저의 마음의 소원이 모두 끝나게 되었습니다.

저의 희망은 죽음이었어요. 저의 희망은 음부에 있었어요. 죽음만이 이러한 고통도 끝나게 할 것을 알았어요. 죽음만이 친구들의 변론으로부터 자유하게 할 것을 알았어요. 저는 저의 날이 다 지나가고 오직 죽음만이 저를 반기고 있음을 알았습니다.

이제 어느 누구도 저의 친구가 될 수는 없어요. 하나님도 저에게서 돌아선 것 같은 절망감. 보증자도 되어주시지 않았고 백성들에게 조롱거리가 되게 하여 내 얼굴을 수치스럽게 하신 하나님.

저는 죽음을 기다리게 되었습니다. 죽음을 친구처럼, 가족처럼, 영원한 쉼터로 삼게 초청하고 있었지요. 죽음이 저를 진정한 친구로 생각한다면 어서 빨리 생명을 거두어 가는 것이 저에게는 유일한 희망이 될 수 있었습니다.

빌닷-악인의 종말은 이러하리라

"악인의 빛은 꺼지고 그의 불꽃은 빛나지 않을 것이요 그의 장막 안의 빛은 어두워지고 그 위의 등불은 꺼질 것이요" 욥 18:5-6

저의 친구 수아 사람 빌닷이 다시 입을 열어 저에게 충고를 하였습니다. 그는 이제 저를 완전히 악인으로 몰아붙이고 그 최후가 어떠하리라는 것을 저에게 아래와 같이 말해주기 시작했습니다.

"악인의 빛은 결국 꺼지게 될 것이다. 그 장막 안의 빛도 꺼지게 될 것이다. 악인은 그 스스로의 꾀에 빠지게 되어서 그 발이 스스로 그물에 걸리고 말 것이다. 그래서 몸이 올무에 얽히게 되고 함정에 빠지게 될 것이며 무서운 것들이 사방에서 몰려올 것이다. 그 곁에는 재앙이 항상 기다릴 것이며 이제 무서움의 왕에게로 잡혀가서 모든 인생의 뿌리가 뽑히고 말려서 이름도 없어지게 될 것이다. 그 백성들 가운데 이제 아들도 후손도 없고 그가 거하던 곳에는 아무도 남아있을 자가 없을 것이다. 불의한 자의 집이 이러하겠고 하나님을 알지 못하는 자의 처소가 이렇게 될 것이다."

이상은 빌닷이 저에게 주는 말입니다. 저를 악인으로 보고 철저하게 망하는 인생에 대하여 거침없이 말하기 시작했어요. 철저한 멸망, 곧 처소도 없어지고 자손도 없어지고 이름도 없어지는 멸망에 대하여 말해주었습니다.

그는 저를 하나님을 알지 못하는 자라고 단정을 하였고 불의한 자라고 단정했어요. 정말 저의 마음에는 불타오르는 분노가 일어나기 시작했습니다. 저의 번뇌는 친구들이 충고를 하면 할수록 더 커져가기 시작했습니다. 저를 하나님을 모르는 자라고 평하는 것에 대하여 저는 견딜 수가 없었어요. 하나님을 사랑하고 하나님을 경외하며 하나님을 섬겼던 저에게 이것은 참담한 모함과도 같았기 때문입니다.

하나님, 정말 저는 견디기가 어려워요. 더욱 힘든 것은 하나님께서 침묵하시면서 전혀 저를 변호해주시지 않는다는 사실이에요. 주님의 침묵이 친구들의 변론보다 더 괴롭고 힘듭니다.

주님, 한 말씀만 해 주세요.
저를 사랑하신다고요.
저를 인정하신다고요.
제가 친구들한테 이렇게 비판을 받을 정도로 악인은 아니라고 제발 한 마디만 해 주세요.

주님, 너무 하세요.
주님, 어디에 계시나요?

나의 친구야 나를 불쌍히 여길 수는 없느냐?

"나의 친구야 너희는 나를 불쌍히 여겨다오 나를 불쌍히 여겨다오 하나님의 손이 나를 치셨구나 너희가 어찌하여 하나님처럼 나를 박해하느냐 내 살로도 부족하냐" 욥 19:21-22

친구들은 저의 마음을 괴롭히고 저를 학대하고 저를 짓부수었습니다. 몇 번이나 번복하면서 저를 괴롭혔어요. 저에게 허물이 있다고 한다면 자기들에게는 없단 말인가요?

"친구들이여, 어느 때까지 이렇게 학대할 것인가? 열 번이나 학대하고도 전혀 뉘우치는 빛도 없구나. 마치 내게만 허물이 있는 것처럼 나를 몰아세우는구나."

언어적인 폭행처럼 무서운 것이 없습니다. 그들은 살이 썩어져 가는 저에게 직접 폭행은 가하지 않았지만 말로 끊임없이 저를 폭행하고 있었어요.

이제 저의 곁에서 저를 후원하는 자는 아무도 없었습니다. 모두가 저를 버렸고 모두가 저를 무시했습니다. 모두가 낯선 자같이 되었으며 저를 위로하고 세워주는 자는 없었습니다. 모두가 저를 에워싸고 정죄하고 있었고 심지어 저에게 죄인이라고 돌을 던졌습니다. 하나님도 저의 편이 아니셨고 아내도 가족도 친지들도 저의 편이 아니었어요. 저는 희망 없는 자가 되었으며 도움을 구하여도 어디로부터도 어떤 도움도 오지 않았습니다.

저는 친구들에게 하소연하고 싶었어요. 하나님으로부터 심판을 받고 있는 저를 적어도 가련하게 불쌍하게 볼 수는 없는가? 적어도 친구들은 저를 박해하지 않고 저를 불쌍히 여겨 줄 수는 없는 것일까요?

저는 저의 결백을 어디에라도 기록하고 싶었어요. 철필과 납으로 영원히 돌에 새겨놓아서 후대에 저를 누군가가 결백을 믿어주기를 원했습니다 19:23-24.

정말 대속자가 살아 계시다면 그분이 저를 인정해주고 증명해주실 것을 믿습니다. 그리고 친구들에게도 형벌이 임할 것이며 그들도 심판을 면하지 못할 것을 저는 믿습니다. 그들도 엄중한 심판장이 있음을 나중에 알게 될 것을 저는 믿어요. 그렇게 친구들이 앞으로 심판을 당할 것을 믿고 있었지만 그것도 저의 마음에 도움이 되지 않았어요. 단지 저의 마음은 더 초조해지기 시작하였고 중심을 잃기 시작했습니다.

소발-악인이 하나님께 받을 분깃

"하늘이 그의 죄악을 드러낼 것이요 땅이 그를 대항하여 일어날 것인즉 그의 가산이 떠나가며 하나님의 진노의 날에 끌려가리라 이는 악인이 하나님께 받을 분깃이요 하나님이 그에게 정하신 기업이니라" 욥 20:27-29

나아마 사람 친구 소발이 두번째로 입을 열었습니다. 그는 새로운 지혜를 가지고 저를 다시 책망하는 것처럼 보였어요. 그는 마음의 조급함을 가지고 다시 저를 향해 입을 열었습니다.

"너도 알고 있지 않느냐? 악인이 잘되는 것 같고 존귀함을 받는 것 같으나 그것도 잠시라는 것을 보지 않았느냐? 결국에는 그도 땅에 묻히게 될 것이요 그의 자녀들은 구걸하게 될 것이다. 그는 악을 함부로 행하며 악을 감추며 나타내지 않으려고 노력하여도 결국은 그들의 마지막은 독사의 독을 빨며 뱀의 혀에 죽게 될 것이다. 그는 결코 꿀과 엉긴 젖이 흐르는 강도 보지 못할 뿐만 아니라 수고하고 얻은 것을 먹지도 못하고 쌓아놓은 재물로 어떤 즐거움도 누리지 못할 것인데 그것은 가난한 자들을 학대하고 자기가 수고하지도 않은 집들을 빼앗았기 때문이다.

그는 마음에 평안이 없으며 풍족할 때에도 괴롭고 하나님의 진노가 음식을 먹을 때에 임할 것이다. 그에게는 어둠이 준비되어 있고 불이 그를 멸하며 그의 집에 남은 것을 해치게 될 것이다. 결국 하늘이 그의 죄악을 드러낼 것이며 그의 가산이 날아가며 하나님의 진노가 무섭게 그에게 임하리라. 이것이 악인이 받아야 할 하나님으로부터 분깃이다. 악인의 마지막이 이러할 것이다."

이상이 친구 소발이 제게 들으라고 하는 말이었어요. 그는 저를 악인으로 정죄하면서 악인의 종말에 대하여 상세하게 말해주었습니다. 이제 친구들에게 저는 완전한 악인이었습니다. 저는 너무나 명백하게 악인으로 낙인을 찍혔고 악인이 받아야 할 마땅한 형벌을 제가 받고 있다고 주장하면서 그 형벌을 받고 싶지 않으면 회개하라고 촉구하는 것으로 들렸습니다.

저에게는 더 이상 아무 선택도 없습니다. 그들에게 저는 악인이 받는 형벌 가운데 있었으며 그에 대한 어떤 변명도 효과가 없었습니다. 왜냐하면 저의 형색이 악인이 받는 종말을 그대로 보여주고 있었기 때문입니다.

그렇습니다. 저는 악인이 받아야 하는 모든 형벌 가운데 있었으며 어떤 말을 하더라도 저의 정당성을 주장할 수가 없습니다.

그들은 저를 악인이 마땅히 받아야 할 분깃, 하나님으로부터 오는 저주의 기업을 누리는 자로 보고 있습니다.

오! 주님!
갈수록 그들은 명백하게 저를 악인으로 정죄하고 있어요. 제가 악인이 받아야 하는 마땅한 벌을 받고 있다고 믿고 있어요. 하나님도 그렇게 생각하고 계시는지요? 주님! 대답 좀 해주세요. 제가 정말 그토록 악을 행하였나요? 가난한 자들을 학대하고 그들의 재산을 빼앗은 적이 있나요? 하나님께서 이렇게 참담하게 치셔야 할 악행을 제가 저질렀나요?

주님!
저는 억울합니다.
제가 악인으로 단정받기에는 너무 억울합니다.

주님!
저를 위하여 한 말씀이라도 제발 말씀해 주세요.
제발!

악인이라고 다 끝이 그러하더냐?

"어찌하여 악인이 생존하고 장수하며 세력이 강하냐 그들의 후손이 앞에서 그들과 함께 굳게 서고 자손이 그들의 목전에서 그러하구나 그들의 집이 평안하여 두려움이 없고 하나님의 매가 그들 위에 임하지 아니하며 그들의 수소는 새끼를 배고 그들의 암소는 낙태하는 일이 없이 새끼를 낳는구나" 욥 21:7-10

저는 다시 친구 소발에게 대답했습니다. 저의 말을 상세히 들어달라고 부탁했어요. 그리고 조롱하더라도 다 듣고 나서 하라고 부탁했어요.

"너는 악인의 종말에 대하여 상세하게 말해주었지만 그것은 진실이 아니다. 거짓일 뿐이다. 사실, 내 주위에 있는 많은 악인들이 있었지만 너의 말처럼 모두 끝이 그렇지는 않았다. 악인이 장수하기도 하고 후손들이 든든하게 살아가고 그리고 가축들도 새끼도 잘 낳고 아이들이 춤추며 행복하게 살며 매일같이 잔치하듯이 살아갔으며 하나님을 멀리하고 기도도 하지 않고 하나님의 법 앞에 서기를 싫어하였으며 전능자를 섬기지도 않겠다고 주장하기도 하였다. 너희가 주장하는 것처럼 악인의 종말이 꼭 그렇지는 않다. 어떤 이들은 죽도록 기운이 넘치고 젖과 꿀이 엉

긴 것을 먹으며 어떤 사람은 마음에 고통을 느끼고 어떤 사람은 행복을 느끼지 못하고 산다. 모든 사람이 한가지로 일정하게 살아가는 것이 아니고 형편이 다르지만 한 가지 같은 것이 있다면 악인이나 선인이나 모두 흙으로 돌아간다는 사실이다.

나는 너희가 왜 나에게 어떤 의도로 그런 말을 하는지 알고 있다. 너희는 악인의 장막이 남아있지 않다고 하지만 사실 재난의 날을 위하여 오히려 남겨둔 바 되었다는 것을 모르느냐? 악인들의 장례의 행렬이 호화롭게 진행되고 있었던 것도 너희는 보지 않았느냐? 너희가 나에게 하는 말은 위로도 아니고 진실도 아니다."

저는 인생의 여러 상황을 설명하면서 그들의 주장이 옳지 않다는 것을 증명하려 했어요. 악인이 형통하는 것도 보았고 악인이 망하는 것도 보았고 의인이 어려움과 괴로움을 당하는 것도 보았고 의인이 형통하게 사는 것도 보았어요. 그러므로 일방적으로 악인의 끝이 이러하다고 말하는 것은 타당치 않음을 변론하였습니다.

그러자 엘리바스는 너무나 철저하게 저의 죄악을 일일이 열거하며 제가 악인인 것을 증명하기 시작했어요. 제가 놀라웠던 것은 친구들의 변론이 아니라 그들이 평소에 저를 그렇게 생각해 왔다는 점이었지요. 제가 정말 그토록 가난한 자들을 학대하고 악인의 길을 걸었던 것일까요? 친구들은 평소에도 저를 악인으로 생각하면서도 제가 재산이 있으니까 친절하게 담소하며 친분의 관계를 가졌던 것일까요? 저는 그들이 평소에 저를 그렇게 생각했었다는 것이 정말 놀랍고 두려웠어요. 그렇다면 친구들은 왜 제가 그렇게 살고 있음에도 불구하고 아무 말도 하지 않다가 이제 와서 저를 철저한 악인으로 몰아가는 것일까요? 저는 이 점이 이해되지 않았어요. 그리고 이러한 친구들의 태도가 불쾌했어요. 그들은 갈수록 저의 심기를 건드렸습니다.

앞에서 제가 언급한 것처럼 그들은 저로부터 분명히 상처를 받은 것이 있는 것 같아요. 어쩌면 질투일 수도 있고 상처일 수도 있다는 생각을 했습니다. 본의 아니게 제가 친구들보다 우월하다고 말했을 수도 있고, 제가 잘 나가는 것이 하나님을 잘 믿기 때문이라고 과시를 했을 수도 있습니다. 아니면 저도 그 친구들에게 형통하는 것은 의인이 받는 복이고, 멸망하는 것은 악인의 말로라고 말했을 수도 있겠네요. 친구들이 평소에 저를 어떻게 생각했었는지 그때의 받은 한恨을 저에게 토로하는 것 같았습니다.

엘리바스-하나님이 심문하시는 데는 다 이유가 있다

"하나님이 너를 책망하시며 너를 심문하심이 너의 경외함을 인함이냐 네 악이 크지 아니하냐 네 죄악이 극하니라" 욥 22:5-6

저의 친구 엘리바스가 세 번째 입을 열었어요. 그는 저의 행위, 지혜, 의로움이 하나님의 것과는 비교도 되지 않으며 하나님에게는 아무 유익이 없는 것이라고 단정하고는 저의 고난이 하나님께서 저의 악을 보고 심문하시는 것으로부터 오는 것이라고 부당하게 고발하기 시작했어요.

그는 제가 하지도 않은 일을 고발하기 시작하였지요.

"이유 없이 형제의 물건을 볼모로 잡았으며 헐벗은 자의 의복을 벗겼으며 목마른 자에게 물을 주지 않았으며 배고픈 자에게 밥을 주지 않았으며 과부를 빈손으로 돌아가게 하고 고아의 팔을 꺾지 않았느냐?" 22:6-7

이러한 이유로 저에게 어두움이 밀려왔으며 하나님의 심문이 시작된 것이라고 주장했습니다. 또한 제가 하지도 않은 말을 했다고 하며 다음과 같이 부당한 주장을 했어요.

"너는 하나님이 무엇을 아시겠느냐고 하였고 어두움 가운데 어떻게 심판하실 수 있느냐고 하였으며 구름으로 인하여 하나님이 보지를 못하신다고 하였다."

엘리바스는 결국에 제가 하나님과 화목하여야 하고 평안을 구해야 한다고 했습니다. 그러면 제게 복이 임할 것이라고 충고했어요. 그러면 제가 이렇게 고난 받는 것으로부터 헤어날 수 있으며 다시 복을 받기 위하여 무엇보다도 하나님께로 돌아가는 길밖에 없으며 불의를 멀리하라고 했어요. 그리고 제가 가치 있다고 생각하는 것들을 버리고 하나님을 가장 가치 있는 분으로 여긴다면 하나님이 기뻐하실 것이며 하나님이 저에게 얼굴을 돌리실 것이라고 말했습니다.

그렇게 될 때에 제가 기도하게 될 것이며 서원을 갚게 될 것이며 제가 무엇을 하든지 다 이루어질 것이며 저의 길이 밝아질 것이라고 말했습니다. 마지막으로 겸손하라고 충고하였으며 죄가 있어도 용서를 받거늘 네가 깨끗하다면 당연히 구원을 받지 않겠느냐고 말했습니다.

이제 친구들은 제가 하지도 않은 일을 했다고 주장했으며 하지도 않은 말을 했다고 질타하면서 끝까지 저의 죄악으로 인하여 하나님이 손을 드신 것이라는 말을 그치지 않았습니다.

저는 혼자였지만
친구들은 여럿이었습니다.
저는 혼자 자신을 변론하고 있었지만
친구들은 서로 힘을 합하여, 생각을 합하여 저를 공격했습니다.

저는 아픈 몸이었지만
그들은 건강하였고
저는 재앙을 당한 몸이었지만
그들은 형통하고 있는 몸이었어요.
저는 그들에게 모두 변론할 힘도 없었고 역부족인 것을 깨달았습니다.

오호라! 정말 나는 곤고한 자로다.
여러 명의 친구가 힘을 합하여, 생각을 합하여 저를 공격하니 제가 어떻게 피할 수 있겠어요? 저는 가슴을 치고 억울함을 호소할 수밖에 없었습니다.

하나님, 친구들이 말하는 것들을 제가 행한 적이 없습니다. 그 말들은 진실이 아닙니다. 어떻게 저의 진실을 밝혀낼 수 있을까요?

어디에도 주님은 계시지 않습니다

"그런데 내가 앞으로 가도 그가 아니 계시고 뒤로 가도 보이지 아니하며 위로 가도 보이지 아니하며 그가 왼쪽에서 일하시나 내가 만날 수 없고 그가 오른쪽으로 돌이키시나 뵈올 수 없구나 그러나 내가 가는 길을 그가 아시나니 그가 나를 단련하신 후에는 내가 순금같이 되어 나오리라" 욥 23:8-10

제가 받은 뜻하지 않은 재앙들이 제게는 너무 컸고 저의 탄식 소리쯤은 아예 송두리째 그 속에 파묻혀 들리지도 않는 것 같습니다. 그러나 저의 마지막 바람은 단 한가지예요. 그것은 하나님을 만나뵙는 것입니다. 저의 친구들은 오히려 저를 괴롭게 하는 참소자들이 되었으니 이 억울함을 하나님 그 보좌 앞에 나아가서 직접 호소하고 저에게 대답하실 그 말씀이 무엇일까 듣고 싶어요. 그분은 저의 말을 들어주실 것이니까요. 거기서는 정직한 자만이 대화할 수 있지 않을까요?

그러나 앞으로 가도 안계시고 뒤를 돌아보아도 안보이시고 왼편에서 일하시나 만날 수도 없고 오른편으로 가시나 뵐 수가 없음은 어찌된 일인가요? 참으로 암담함이 몰려옵니다. 저는 하나님을 간절히 부르는데 그분은 전혀 안 계시는 듯하게 적막하고 저를 전혀 모르신다는 듯이 캄캄하여 보이지도 않습니다. 어떻게 주님을 찾을 수가 있을까요?

그러나 저는 믿습니다. 저의 가는 인생길은 오직 그분만이 정하신 것일 테니까요. 이 극심한 단련하심 후에는 제가 순금과 같이 변화될 거라고 믿어요. 왜냐하면 저는 그의 걸음을 바로바로 따랐고 그 말씀하신 명령을 세밀하게 주의하면서 어기지도 않았고 매일 먹어야 할 음식보다도 그분을 더 귀히 여겼으니까 말예요.

하나님은 그 마음에 하시고자 하는 것을 행하시는 분이지요. 제게 작정하신 것이 무엇인지 저는 확연히 알지 못해도 꼭 이루실 것이 아닌가요? 이대로 저의 인생이 끝나지는 않을 겁니다. 그것만이 제게는 한줄기 희망입니다.

그러나 제가 전능자 그분만을 골똘히 온종일 생각하고 있지만 아무 힘도 없이 비천한 모습으로, 속수무책으로 떨고만 있으며 그분을 마냥 두려워할 수밖에 없었습니다. 그분이 저에게 관한 어떤 일을 결정하시고 어떻게 이루어가실지 두렵기만 하네요. 왜냐하면 주님은 작정하신 일을 꼭 이루시는 분이시기 때문입니다.

세상에는 악인이 번성하고 멸망하지 않는구나

"그는 임신하지 못하는 여자를 박대하며 과부를 선대하지 아니하는도다 그러나 하나님이 그의 능력으로 강포한 자들을 끌어내시나니 일어나는 자는 있어도 살 아남을 확신은 없으리라" 욥 24:21-22

저는 친구들이 정죄하는 것에 대하여 할 말이 있었습니다. 악인의 마지막이 이러하다고 말하고는 있지만 저는 이 세상에서 악인들이 형통하고 번성하는 것을 많이 보아왔지요. 이러한 자들에게 왜 심판이 임하지 않는지 저도 탄식하지 않을 수밖에 없었습니다.

여러분 들어보십시오. 제가 본 악인들의 이야기들을!

악인들은 이웃이 조상들로부터 물려받은 땅을 슬쩍 지계표를 옮기면서 자기의 재산으로 탈취해갑니다. 남의 양떼를 자기 것처럼 빼앗아 기릅니다. 불쌍한 고아 수중에 무엇이 있겠어요? 아버지처럼 의지하는 단 하나의 소유인 나귀를 빼앗으며, 또한 과부가 가지고 있는 유일한 재산 소를 빼앗아 가면서도 이것을 합당한 볼모처럼 주장하여 자기의 죄를 숨기고 있습니다. 과부에게 왜 이자를 갚지 않느냐고 하면서 전 재산인 소를 빼앗아갑니다. 그래서 빈궁한 자들이 다 숨어버리고 비참한 생활을 하고 있는 것을 왜 못 보시는지요?

거친 광야가 그들에게 식물을 내어주고 부자가 남겨 둔 포도를 따며 입을 옷이 없어서 밤에 추워서 떨며 비가 오면 비를 맞으며 바위에 숨어 비를 피합니다. 그런 가난한 자들에게서 아이를 빼앗아 노예로 보내고 그 유일한 옷을 볼모로 잡지만, 그들이 신음하고 부르짖는데도 하나님은 그 불의를 보지도 않으시니 이 얼마나 안타까운 일인가요?

또한 이렇게 드러나는 악인들도 있지만 교묘하게 광명을 피하여 사는 악인들도 있습니다. 그들은 온갖 나쁜 짓은 다 하면서도 빛을 교묘하게 피해서 숨어 살고 있으니 이것도 안타까운 일 아닙니까?

그들은 살인자들이에요.
그들은 간음하는 자들이에요.
그들은 도적들이에요.
이들은 밤에 일하고 낮에 숨어서 악이 드러나지 않는 것 같은 악인들이에요.

저는 알아요. 이들이 악을 행하고 그것이 악인 줄 알고 광명 가운데 못 나온다는 것을, 그래서 끊임없이 숨어서 살고 있다는 것도 알고 있어요. 그들이 심판을 두려워하고 정의를 무서워하고 공의에 대하여 말할 것이 없는 자들임을 저는 압니다. 그들의 마음은 말할 수 없는 공포에 싸여 있으며 발각되지 않으려고 초조한 삶을 살고 있는 것도 알아요. 이것이 그들에게 내리고 있는 현재적 심판이라는 것도 저는 알고 있습니다.

하나님께서 그들에게 즉각적인 심판을 주시지 않는다고 하여도 그들이 받는 재앙과 저주는 현재에도 있습니다. 그들은 아침이 두렵거든요. 곧 광명이 두렵거든요. 그들은 자주 놀랍니다. 누가 자기를 잡아오는 것이 아닐지 불안하지요. 그러나 항상 "네 죄가 너를 찾아내리라."하신 말씀이 이루어지는 자들입니다. 그들의 죄가 스스로 그들의 죄를 심판하고 있습니다.

그들의 산업은 저주를 받습니다. 포도를 심어도 수확하지 못할 것입니다. 그들은 고통에 빠진 자들을 더욱 학대하고 스스로 사나운 자들이 되어 이웃에게 긍휼함이 없습니다. 그래도 그들이 잠시 동안 잘 사는 것처럼 보입니다.

그러나 저는 알아요.
악인들을 하나님께서 심판하지 않고 내버려두시지만 이것이 일시적인 것을 압니다. 그들은 하나님의 보호를 받는 것처럼 보이고 높아지는 것처럼 보이고 평화롭게 사는 것처럼 보이지만, 이삭이 베임을 당하는 것처럼 곧 그렇게 될 것입니다.

제가 하는 말에 반박할 자가 있습니까? 세상 인생이 다 이렇게 되어가는 것이 아니겠어요? 저에게도 이렇게 훤히 보이는 인생사가 여러분에겐들 보이지 않겠습니까?

빌닷-하나님 앞에서 어디 깨끗한 자가 있겠느냐?

"보라 그의 눈에는 달이라도 빛을 발하지 못하고 별도 빛나지 못하거든 하물며 구더기 같은 삶, 벌레 같은 인생이랴" 욥25:5,6

저의 친구 빌닷이 세 번째 또 입을 열었습니다. 그는 단지 하나님의 위엄과 권능을 강조하는 것 같았어요. 그리고 그분의 높으심과 의로우심, 깨끗함도 강조했어요. 그분의 군대는 셀 수가 없을 정도로 많으며 그분의 빛의 비침을 입지 않은 자가 없다고 말했어요.

그러나 그는 다시 저를 악인으로 정죄하는 말을 간접적으로 하고 있었습니다. 그는 이렇게 말하고 있었습니다.

"하나님 앞에서 누가 의롭다고 말할 수 있겠느냐? 여자의 몸에서 난 자가 어찌 깨끗하다고 하겠느냐? 하나님의 눈에는 별도 깨끗지 못하거늘, 감히 벌레인 사람, 구더기인 인생이 어찌 깨끗하다고 주장할 수 있겠느냐?"

그렇습니다.

하나님 앞에서 누가 깨끗하다고 할 수 있겠어요?

그러니 욥! 너도 당연히 더럽다는 것을 인정해야 하지 않느냐? 그의 말은 저에게 바로 그런 논리로 들렸습니다.

"어떤 것도 하나님 앞에서 깨끗한 것이 없는데 욥! 너라고 깨끗하겠느냐? 너라고 불의하지 않겠느냐? 네가 아무리 결백을 주장해도 너도 별 수 없다. 너도 그 악인의 부류에서 제외될 수 없다. 이제 너도 스스로 악인임을 인정해야 하지 않겠니? 너는 불의해. 너는 악인이야. 너는 죄를 범했어. 너는 더러워. 너는 하나님 앞에서 감히 결백을 주장할 수 없어."

마치 그 말은 저에게 겸손하게 손을 들고 악인임을 인정하라는 말로 들렸어요. 하지만 저의 마음에서는 또 다시 저의 결백을 주장하고 싶은 마음이 있었습니다.

나도 하나님에 대하여 알만큼은 안다

"보라 이런 것들은 그 행사의 단편일 뿐이요 우리가 그에게서 들은 것도 속삭이는 소리일 뿐이니 그의 큰 능력의 우렛소리를 누가 능히 헤아리랴" 욥 26:14

저는 친구 빌닷이 저를 도우려고 한다는 것이 고작 그 정도인지 질문하고 싶었습니다. 아픈 자에게 힘을 주려고 하는 것이 고작 그것인지 다시 물어보고 싶었습니다. 그리고 적은 지혜로 저를 가르치려고 하는 것이 얼마나 우스운 것인지 속으로 비웃음을 삼켰습니다. 제가 알아도 자기만큼 모르겠습니까? 감히 저를 가르치려고 하다니요? 저도 하나님에 대하여 알만큼 알고 있고 하나님의 능력에 대하여도 알만큼 알고 있습니다. 자신들이 말하는 것을 저도 이미 다 알고 있고, 오히려 그들이 말하는 것보다 저는 더 구체적으로 하나님에 대해 알고 있었습니다.

한번 말해볼까요? 하나님의 능력에 대하여 구체적으로 말해볼까요? 그분이 얼마나 굉장한 분인지 알고 있으며 말할 수 있습니다.

그분 앞에는 어떤 세력도 드러나지 않을 것이 없으며 그분의 능력은 북편 하늘을 허공에 펴시고 지구를 공간에 달을 수 있는 분이십니다. 물을 구름에 싸실 수 있는 분이시며, 수면에 경계를 그으실 수 있으며, 빛과 어두움의 경계를 세우실 수 있는 분이시며, 그분이 꾸짖으시면 하늘 기둥이 떨며 놀랍니다. 그분은 바다를 세차게 일어나게 하실 수 있으며, 지혜로 바다를 잔잔하게 하시며, 손으로 날랜 뱀을 찌르실 수 있는 분이십니다 26:8-13.

저도 알고 있어요. 그분이 어떤 분이신지 친구들만큼 저도 알아요. 그러나 이러한 앎이 지극히 작은 부분이요, 그분에 대하여 아주 미세한 부분이라는 것도 저는 압니다. 감히 그분의 능력을 우리가 어떻게 측량할 수 있으며 그분의 능력 앞에서 어떻게 떨지 않을 수 있겠습니까?

저도 알만큼 알아요.
그런데 저를 교훈하려고 하다니요?
말도 안 되는 것으로 저를 악인으로 몰아버리고 하나님에 대하여 무지한 자로 몰아버리다니요. 그럴 수는 없어요. 저도 할 말이 많습니다.

친구들이 하는 말들이 저를 위로할 수 없으며 그들의 말과 지혜가 저를 구원할 수도 없습니다.

친구들이여!

나를 그렇게 우습게 다루지 말길.

자네들의 그 낮은 지혜로 나를 교훈하고 깨닫게 하려고 몰아붙이지 말길.

나도 당신만큼의 지혜가 있으며 믿음도 있다네.

나는 너희를 옳다고 말할 수 없다

"나는 단정코 너희를 옳다 하지 아니하겠고 죽기 전에는 나의 온전함을 버리지 않을 것이라 내가 내 의를 굳게 잡고 놓지 아니하리니 일평생 내 마음이 나를 책망치 아니하리라" 욥 27:5-6

저는 친구들이 계속 공격하고 있을 때에 제가 옳다는 것을 증명하고 싶었어요. 비록 하나님께서 제가 죄 없음에도 불구하고 고난 속에 던지셨으며 저의 영혼을 괴롭게 하셨지만, 그래도 저는 그 하나님의 살아계심을 걸고 맹세하면서 저의 의를 주장하려고 합니다.

저는 친구들을 결코 옳다고 인정하지 않을 것입니다. 죽기까지 저의 순전함을 버리지 않을 것이며 저의 순전함을 주장할 것입니다. 그리고 저를 이렇게 괴롭히는 친구들이 악인같이 되고 불의한 자가 되어 하나님이 그 영혼을 취하는 자들이 되기를 원합니다. 그들이 환난을 당할 때에 하나님께 부르짖어도 하나님이 응답하지 않기를 원합니다.

아무리 자손이 많아도 그 자손들은 칼 맞아 죽을 것이며 배고파 죽을 것이며 그나마 남은 자들도 전염병으로 죽게 될 것입니다. 아무리 재산이 많다고 하여도 그 재산과 의복을 본인이 입지 못하고 다른 의인들이 입게 될 것이며 그들의 집들은 초막 같고 좀의 집같이 나약할 것입니다. 두려움이 항상 그들에게 밀려들 것이며 폭풍이 불어서 그들의 집이 그 자리에서 날아가 버릴 것이며 하나님께서 그들에게 복수하시니 그것을 피할 자가 없을 것입니다. 이러한 심판에 대하여 사람들은 크게 웃고 손뼉을 치며 기뻐할 것입니다.

"나의 원수는 악인 같이 되고 일어나 나를 치는 자는 불의한 자 같이 되기를 원하노라 그의 자손은 번성하여도 칼을 위함이요 그의 후손은 음식물로 배부르지 못할 것이며 그가 준비한 것은 의인이 입을 것이요 그의 은은 죄 없는 자가 차지할 것이며 하나님은 그를 아까지 아니하시고 던져 버릴 것이니 그의 손에서 도망치려고 힘쓰리라 사람들은 그를 바라보며 손뼉치고 그의 처소에서 그를 비웃으리라" 27장 중에서

그렇습니다.
저는 의로운 사람입니다. 저는 결코 친구들의 논박을 받아들일 수 없으며 하나님의 이름을 걸고 내 자신이 의롭고 순전함을 만 천하에 선포합니다.

저는 의롭습니다.

지혜가 어디에서 옵니까?

"그러나 지혜는 어디서 얻으며 명철이 있는 곳은 어디인고? 그 길을 사람이 알지 못하나니 사람 사는 땅에서는 찾을 수가 없구나" 욥 28:12-13

저는 계속해서 풍자하며 변론을 하였습니다. 모든 만물은 어디서 오며 어디로부터 만들어졌는지 압니다. 철은 흙에서 캐내고 동은 돌에서 녹여 얻습니다. 하지만 지혜는 어디로부터 오는지 알 수가 없습니다. 깊은 물은 자기 안에 지혜가 있다고 하고 바다가 이르기를 지혜가 자기와 함께 있다고 하지만 그 지혜는 어떤 것으로도 바꿀 수 없는 귀한 것입니다.

순금으로도 바꿀 수가 없고 청옥수나 남보석과도 그 값을 비교할 수가 없습니다. 황금이나 수정도 비교할 수 없고 진주와 벽옥으로도 비교할 수가 없습니다. 도대체 이렇게 귀한 지혜가 어디로부터 오는 것입니까?

모든 생물이 알 수 없고 공중의 새도 알 수 없는 그 지혜를 오직 하나님만이 아시지요. 그분은 온 우주를 감찰하시고 온 천하를 살피시면서 바람의 무게도 정하시고 물의 분량도 정하시는 분이십니다.

그래서 그분은 이렇게 지혜를 말씀하십니다.

"나를 경외하는 것이 지혜이요, 악을 떠남이 명철이니라."

내가 의(義)를 옷으로 삼아 입었으며

"내가 의를 옷으로 삼아 입었으며 나의 정의는 겉옷과 모자 같았느니라 나는 맹인의 눈도 되고 다리 저는 자의 발도 되고 빈궁한 자의 아버지도 되며 내가 모르는 사람의 송사를 돌보아 주었으며" 욥 29:14-16

저는 계속해서 제 자신이 얼마나 의인이었는가를 변론해야 했었어요. 저는 저의 전성기 시대를 회고하면서 제가 얼마나 의롭고 정의로운 사람인가를 증명해 나갔습니다.

그때에는 주님이 함께 하셨으며 저에게 기름을 부어주셨으며 하는 일마다 복을 주셨어요. 마을에 나가면 존경과 두려움의 대상이었고, 저를 함부로 대하는 자가 없었습니다.

사람들은 저를 축복하고 하나님은 저와 함께 하셨습니다. 저는 그때로 다시 돌아갔으면 좋겠습니다. 저는 가난한 사람들과 고아들을 도왔으며 망하게 된 자들을 도왔으며 과부도 도왔습니다. 빈궁한 자들에게는 아버지가 되었으며 과부에게는 남편이 되었으며 알지도 못하는 사람의 소송을 도와주기도 했습니다. 저의 손이 얼마나 길었는지요? 저의 도움을 받지 않은 자가 없었던 것 같습니다.

저는 저의 인생이 아주 영광스럽게 끝날 것으로 기대했습니다. 사람들은 저를 기다렸고, 저의 말에 희망을 걸었지요. 그들에게는 저의 미소가 희망이었고 해결책이었어요. 제가 그들에게 미소를 보일 때에는 그들의 얼굴빛이 빛나고 행복해서 저의 얼굴의 빛을 무색하게 하였어요.

그래서 저는 낙관적인 미래를 꿈꾸었으며, 자손의 자손을 보며, 저의 수壽가 길며, 저의 손孫들이 모래알처럼 많아지리라는 것을 알았습니다. 왕같이, 지도자로서 군림하던 시간이었습니다. 저는 이렇게 주께서 저에게 기름을 부어주시고 함께 하시던 때로 다시 돌아가고 싶습니다.

이제 모든 이들이 저를 비웃습니다

"그러나 이제는 나보다 젊은 자들이 나를 비웃는구나 그들의 아버지들은 내가 보기에 내 양 떼를 지키는 개 중에도 둘 만하지 못한 자로다" 욥 30:1

오래 살다보니 별 일을 다 당합니다. 제가 보기에는 내 양 떼를 지키는 개만도 못한 자들이 저를 비웃기 시작하는 거예요. 그들은 가난하고 먹을 것이 없어서 나무뿌리들을 뽑아 먹는 자들이며 침침한 골짜기와 흙구덩이와 바위굴에서 사는 천박한 사람들입니다. 그들은 미련한 자들이며 고토로부터 쫓겨난 자들인데 하물며 그러한 자들까지 저를 비웃고 있는 거예요.

저는 동네에서 존경받던 어른이었는데 졸지에 그들의 비웃음의 노래 대상이 되었다니요? 가는 곳마다 저를 비난하고 비웃고 있네요. 숨겨진 죄악으로 인해 욥이 고통을 당하고 있다고 비웃고 다닙니다. 그 사람들이 그렇게 해서는 안 되는 사람들이에요. 저의 도움을 받고 저의 자비가 임하였던 사람들이었습니다. 즉 저의 자비가 임하지 않았더라면 연명하지도 못하였을 사람들입니다.

단순히 비방만 하고 다녀도 좋겠습니다. 그들은 마치 성을 파괴하고 그 파괴한 가운데로 몰려드는 대적처럼 저에게 몰려들고 있습니다.

주님, 밤마다 저의 뼈가 쑤시며 저의 아픔이 쉬지를 못합니다. 저의 곁에는 이제 아무도 없어요. 친구도 없고 가족도 없습니다. 저의 도움을 받았던 자들도 저의 주위에서 떠나버렸습니다.

하나님이 저를 이 진흙탕에 던져 버리셨어요. 주님이 저를 대적 가운데 던지셨어요. 그리고 저는 알아요. 저도 정한 때에 죽어야 한다는 것을 말입니다. 그래도 주님, 제가 아무리 구제받지 못할 사람이라고 하여도 생명이 붙어있는 한, 도움을 요청하는 것이 잘못인가요? 왜 주님은 대답이 없으신지요?

저는 지금까지 도덕적으로 종교적으로 경건하게 살며 복을 원하였는데 저에게 돌아온 것은 화禍요, 재앙입니다. 이제 저의 곁에는 아무도 없습니다. 이리와 타조만이 저의 벗일 뿐, 저의 피부는 타버렸고, 뼈도 타 버렸습니다.

주님, 저의 수금이 통곡이 되었으며 내 피리는 애곡이 되었습니다. 주님, 도와주세요!

제가 언제 주님의 법도를 떠나 산 적이 있나요?

"만일 내가 허위와 함께 동행하고 내 발이 속임수에 빨랐다면 하나님께서 나를 공평한 저울에 달아보시고 그가 나의 온전함을 아시기를 바라노라" 욥 31:5-6

주님, 저는 주님이 보시고 계시다고 믿기에 마음이 흐트러지거나 허탄한 데를 바라본 적이 없었습니다.

하나님, 만일 제가 주님 보시기에 거짓된 삶을 살았다면 제가 심은 것을 타인이 먹으며 저의 소출이 뿌리째 뽑히기를 바랍니다.

제가 언제 여인들을 유혹한 적이 있는지요?
그렇다면 저의 아내가 다른 타인과 더불어 동침해도 아무 말도 하지 않겠습니다.

제가 언제 허탄한 데 마음을 두었으며 남을 속였나요? 하나님께서 저의 정직함을 알고 계시지 않으신가요?
제가 언제 바른길에서 벗어난 적이 있었나요?

남종이나 여종들의 권익을 빼앗은 적도 없어요. 가난한 자의 소원을 저버리지 않았고 과부의 눈을 실망시키지도 않았어요. 저 혼자 맛있게 먹으면서 고아들을 못 본 체 하지도 않았어요. 오히려 젊었을 때부터 고아 기르기를 아버지처럼 하였으며 과부들 도와주었어요. 옷이 없어서 떠는 자들에게 저의 양털 옷을 입혀주었어요. 저의 지위를 이용하여 저들을 무시하지도 않았어요. 만약에 그렇게 했다면 제 어깨가 떨어져나가고 저의 팔이 부러져도 마땅합니다.

제가 언제 금이나 태양을 보면서 그런 것들을 하나님보다 더 사랑하였나요? 하나님보다 그런 것들을 더 사랑하였다면 위에 계신 하나님을 속이는 행동이었을 것입니다.

제가 언제 원수가 망했다고 기뻐했으며 재난을 당한다고 즐거워했는지요? 저는 나그네를 거리에서 자도록 모른 척 내버려 둔 적이 없었으며 행인에게 문을 열어주어서 쉬게 했습니다. 저는 다른 사람처럼 저의 잘못된 행위를 숨기거나 가슴에 묻어 두지 않았어요. 그래서 저는 사람들이 두려워서 대문 밖으로 나가지 못하고 숨은 적이 없었어요.

언제 저의 토지나 밭이랑 들이 학대를 당했다고 울부짖었던가요? 언제 제가 값을 지불하지 않고 다른 사람의 농작물을 먹어서 소유주에게 손실을 주었습니까? 그렇게 행하였다면 밀 대신에 가시덤불이, 보리 대신에 엉겅퀴가 자라게 되는 것이 마땅합니다.

만일 제가 이런 행위를 하였다고 한다면 마땅히 제가 심판받아야 하는 것을 압니다. 그러나 저는 하나님과 사람 앞에서 참으로 떳떳하였습니다. 주님, 그것을 아시리라고 믿습니다.

엘리후-나도 한마디 해야 하겠다

"당신들이 말없이 가만히 서서 다시 대답하지 아니한즉 내가 어찌 더 기다리랴 나는 내 본분대로 대답하고 나도 내 의견을 보이리라" 욥 32:16-17

그동안 잠잠히 옆에서 듣고 있었던 엘리후가 드디어 입을 열었습니다. 부스 사람으로 바라겔의 아들인 엘리후는 우리 친구들보다 나이가 어린 사람이었지요. 바라겔과 엘리후는 철저한 유일신 신앙을 가진 사람들입니다. 그는 저와 저의 친구들에게 모두 화가 나 있었습니다. 저에게는 제가 스스로 의롭게 여긴다고 말을 하는 것을 보고 심히 마음이 상한 것 같았습니다. 그리고 친구들에게는 저를 정죄하고 악인으로 단정을 하면서도 마땅한 증거를 대지 못한 것에 대하여 화가 나 있었던 것입니다. 친구들이 대답을 하지 않고 있자 젊은 엘리후가 드디어 입을 열었어요. 엘리후는 나이가 있다고 지혜가 있는 것도 아니며 나이가 있다고 하여 공의를 깨닫는 것도 아니라고 말했습니다.

그는 옆에서 듣고 있자니 무척 답답했었던 것 같습니다. 그는 자신의 가슴이 봉한 포도주 같다고 하였어요. 포도주가 발효하였는데 봉해버렸으니 그 가죽부대가 얼마나 팽팽해지고 압박감을 느끼겠습니까? 그것처럼 엘리후도 마음이 답답하여 입을 열어야 시원하겠다고 드디어 입을 열었습니다. 그리고 이제 사람의 낯을 보거나 아첨하지 않고 오로지 하나님을 바라보며 말을 하겠노라고 입을 열었습니다.

누군들 자신이 가장 하나님 앞에서 정직하게 말한다고 생각하지 않겠나요? 앞에서 세 친구들도 역시 자신들이 모든 진리를 깨달은 것처럼 자신들이 의인인 것처럼 말하지 않았던가요? 저는 엘리후가 입을 열어도 별로 관심이 없었습니다. 그도 역시 똑같은 말을 되풀이 할 것이 분명하였기 때문이에요. 엘리후는 긴 연설을 하기 시작하였습니다.

엘리후-네가 감히 어떻게 스스로 의롭다 하느냐?

"그대는 실로 내가 듣는 데서 말하였고 나는 그대의 말소리를 들었느니라 이르기를 나는 깨끗하여 악인이 아니며 순전하고 불의도 없거늘 참으로 하나님이 나에게서 잘못을 찾으시며 나를 자기의 원수로 여기사 내 발을 차꼬에 채우시고 나의 모든 길을 감시하신다 하였느니라" 욥 33:8-11

엘리후는 다른 세 친구들과는 다르게 저에게 연설을 하기 시작했어요. 그는 아주 정직하고 진실하게 말하기를 원한다는 말을 서두로 시작했어요. 자신이 하는 말이 자신의 힘으로 하는 말이 아니고 결국 하나님께서 주시는 말로 하기를 원한다고 했어요. 그러므로 제가 신중하게 자신의 말을 들어줄 것을 요청하는 것 같았습니다.

그는 말하기를 인간은 다 흙으로 지음을 받았고 저와 본인이 하나님 앞에서 다를 바가 없는 부족한 인간으로서 강압적으로 말하지도 않겠고, 함부로 저를 대하지도 않을 것임을 시사했어요. 실로 그는 나이가 어림에도 불구하고 매우 신중하고 중립적인 입장에서 저에게 다가오는 것 같았습니다.

그러나 그는 제가 "깨끗하여 죄가 없고 허물이 없으며 불의가 없다"고 말한 것을 들었다고 하면서 그것은 의로운 대답이 아니라고 말하였어요. "하나님께서 나타나시지 않고 대답하지 않으신다고 하여 감히 어떻게 하나님과 논쟁을 하려고 하느냐"라고 저의 잘못을 지적하기도 했어요. 하나님은 크시고 위대하신 분으로 사람들의 교만을 다루고 계신다고 말했습니다.

그는 하나님께서 때로는 꿈이나 이상으로도 우리를 교훈하시는데 그것은 사람들의 교만을 버리게 하시려는 데 있으며, 또한 하나님은 질병이라는 징계를 주시기도 하지만, 이것 역시 하나님의 진노하심이라기보다는 오히려 하나님을 더 깊이 알고 더욱 기도하게 함으로 하나님의 은혜 가운데 거하게 하는 것임을 피력하였습니다. 하나님은 근본적인 생명과 영원한 삶을 누리게 하기 위하여 이러한 징계를 사용하신다는 것도 다시 한번 더 강조하였습니다.

그러므로 엘리후는 제가 위대한 하나님과 논쟁하거나 변론하거나 할 생각은 하지도 말라고 권고합니다. 그러면서 자신이 하는 말을 잘 듣고 물어볼 말이 있으면 물어보라고 했습니다. 그는 진중하게 저에게 할 말을 하기 시작하였습니다.

엘리후-하나님은 불의하지 않다

"그러므로 너희 총명한 자들아 내 말을 들으라 하나님은 악을 행하지 아니하시며 전능자는 결코 불의를 행하지 아니하시고 사람의 행위를 따라 갚으사 각각 그 행위대로 받게 하시나니 진실로 하나님은 악을 행하지 아니하시며 전능자는 공의를 굽히지 아니하시느니라" 욥 34:10-12

엘리후는 계속해서 말을 이어갔어요. 그리고 지혜 있는 자들, 지식 있는 자들이 다 그의 말에 귀를 기울이라고 요청합니다. 다시 한 번 잘 식별하여 무엇이 옳고 그른지 분별해 보자고 요청합니다. 입이 음식물의 맛을 분별함 같이 무엇이 옳고 그른지 우리들이 한번 가려내 보자고 제의합니다.

그는 이렇게 반문합니다. 만일 제가 정말 의로웠는데 하나님이 징계를 하신 것이라면 하나님이 정직하지 않은 것이며 하나님이 공의롭지 못한 것이 아니겠느냐? 의로운 자를 벌하시는 하나님이라면 그가 공의롭지 못한 분이라는 것을 증명하는 것이 아니겠느냐고 말입니다.

그는 단호히 증거합니다. 하나님은 악을 행하지 않는다. 하나님은 공의를 굽히지 아니하신다. 하나님은 누구에게나 공정하신 분이시다. 왕이라도 봐주는 것이 없고 귀인들의 악함을 눈감아 주지도 않는 분이시다. 왕족의 외모를 보고 호의를 베푸는 분도 아니시며 부자라도 관대히 봐주는 분도 아니시다. 하나님은 누구든지 공정하게 대하신다. 왜냐하면 하나님은 모든 피조물을 친히 당신의 손으로 지으셨기 때문이다. 그러므로 부자라고 할지라도, 왕이라고 할지라도, 귀인이라고 할지라도 악을 행하면 그들은 결국 망할 것이다.

하나님은 모든 우리의 발걸음을 주목하시며 모든 걸음을 샅샅이 보고 계시는 분이시다. 악을 행한 자가 주님 앞에서 숨을 수도 없다. 세력자도 꺾으시고 누구를 심판하셔야 할지 알고 계시는 분이시다.

엘리후는 위와 같이 주장하면서 저도 당연히 하나님의 시험을 받아야 하는 자임을 강조하였습니다. 그것은 제가 정당하지 않게 하나님에 대하여 말했기 때문이라고요. 제가 한 말이 하나님을 모독하는 말이 많았다고 생각한 것 같았습니다. 그래서 당연히 하나님의 징계를 받아야 한다는 것입니다.

만일 제가 의롭다고 주장한다면,
왜 의인이 고난 받느냐고 질문한다면,

그것은 결국 하나님이 불의하신 분이 되기 때문입니다. 결국 엘리후도 저를 책망하면서 당연히 하나님의 징계와 심판을 받아야 한다고 주장하고 말았네요. 결과적으로 저는 또 한 번 엘리후에게 참소를 당하고 있었습니다. 세 친구들이 한 것처럼 저는 하나님 앞에서 당연히 불의하고 범죄한 자가 되었으며 회개하고 주님 앞에 나아가야 할 죄인으로 몰려갔습니다.

또한 엘리후는 "그대의 공의는 어떤 인생에게도 있느니라" 35:8 하면서 하지만 그대의 악은 그대와 같은 사람에게나 있다고 말했습니다. 제가 공의롭게 산 것은 누구에게나 발견되는 것이지만 저에게서 발견되는 악은 저에게만 있는 것이라는 말이었습니다. 그러므로 회개하고 빨리 순종을 하면 살 길이 있지만 그렇지 않다면 악인이 받을 벌이 이미 저에게 임하였다고 말했습니다 36:17. 그는 창조의 하나님, 모든 것을 아시고 모든 것을 보시고, 모든 우주 만물을 이끌어 가시는 오묘하신 분에 대하여 그대가 무엇을 알고 있느냐고 하면서 스스로 지혜롭다고 하는 자들을 하나님은 무시하신다고 결론을 맺었습니다 37:24

그리고 그는 단호하게 "나는 욥이 끝까지 시험받기를 원하노니 이는 그 대답이 악인과 같음이라 그가 그의 죄에 반역을 더하며 우리와 어울려 손뼉을 치며 하나님을 거역하는 말을 많이 하는구나" 34:36-37 말했습니다.

세 친구와 엘리후가 다른 것이 무엇입니까? 모두가 저를 죄인으로 단정하고 있었는데 말입니다. 그러나 친구들과 엘리후의 차이점은 있네요. 엘리후는 저에게 "네가 이렇게 말함으로 이것은 정당하지 않다"고 조목조목 근거를 제시하며 저를 책망하였습니다. 그리고 이런 면에서 하나님을 이해하지 못하고 있다는 것도 밝혀주었습니다. 그는 어린 나이였지만 어른들을 존경하면서 논리적으로 저의 잘못을 밝혀냈습니다.

하지만 저는 아직도 억울하고 원통합니다. 하나님이 듣고 계시고 정당함을 주장해주셨으면 얼마나 좋을까요? 하나님께서는 저의 길을 감찰하시며 저의 걸음걸이를 다 세고 계시는 분이십니다. 제가 언제 바른길에서 벗어난 적이 있었나요? 제가 왜 친구들과 엘리후에게 이런 충고를 계속 들어야 하는 것일까요? 저의 마음은 그들의 날카로운 비난과 충고에 계속 긁히고 있었어요. 어떤 말도 저에게 위로가 되지 않았고, 어떤 논리로도 제가 악인이라는 것을 받아들일 수가 없었어요.

제3부

하나님과의 대면

그때에 여호와께서 폭풍우 가운데에서 욥에게 말씀하여 이르시되 무지한 말로 생각을 어둡게 하는 자가 누구냐 너는 대장부처럼 허리를 묶고 내가 네게 묻는 것을 대답할지어다

욥 38장-42장

하나님, 나의 하나님!

"산 염소가 새끼 치는 때를 네가 아느냐 암사슴이 새끼 낳는 것을 네가 본 적이 있느냐 그것이 몇 달 만에 만삭되는지 아느냐 그 낳을 때를 아느냐?" 욥 39:1-2

엘리후의 이야기가 끝나갈 때에 하나님은 저에게 나타나셨습니다. 하나님은 폭풍우 가운데에서 저에게 말씀하시기 시작했어요. 뜻하지 않게, 기대하지도 않았는데 주님은 저에게 나타나셨어요. 그리고 말씀하시기 시작했습니다. 그러나 제가 그토록 듣기를 기대한 것과 같이 왜 저에게 이런 고난을 주시는지 설명하시지는 않으셨어요. 저의 도덕적 삶에 충고하시지도 않았어요. 그러한 질문은 하나도 하지 않으셨습니다.

그분은 당당하고도 영화롭게 영광의 폭풍우 가운데 모습을 드러내셨습니다. 저는 감히 그분을 쳐다볼 수도 없었고, 그 장엄한 목소리에 무어라고 대답할 수도 없었어요. 저는 다니엘처럼, 사도 요한처럼, 죽은 자같이 그분 앞에 서게 되었어요. 저는 왜 이사야가 거룩, 거룩, 거룩하며 그분 앞에 쓰러져야 했는지를 알게 되었어요. 저는 왜 베드로가 "주여, 저는 죄인입니다. 저를 떠나소서."라고 말을 했는지 알게 되었습니다. 왜 저는 사도 바울이 다메섹 도상에서 눈이 멀고 쓰러져야 했는지를 알았습니다. 그분의 영광이 얼마나 큰지 살아서 주님을 볼 수는 없을 것 같았습니다. 그분 앞에 쓰러지지 않는 것이 이상할 정도로 저는 몸의 무거운 무게영광이라는 단어가 '무겁다'라는 뜻을 가지고 있음를 느꼈으며, 신비한 바람이 제 앞에서 불고 있음을 알았습니다. 저는 이렇게 처음으로 그분 앞에 서게 되었습니다. 생생하게 그분의 음성을 들으면서 그분의 임재 앞에 서게 된 것입니다. 거룩한 만남이 시작되었습니다.

"욥아, 너는 대답하거라."

"너는 지금까지 무지한 말로 생각을 어둡게 하였다. 너는 대장부처럼 허리를 묶고 내가 네게 묻는 것에 대하여 대답하여라."

너 이 세상의 기초가 어떻게 생겼는지 아느냐?
너 바다가 어떻게 생겼는지 아느냐?
네가 바다의 샘에 들어가 보았느냐?
깊은 물속을 걸어 다녀 본 적이 있느냐?
어느 것이 광명이 있는 곳으로 가는 길이냐?
어느 것이 흑암이 있는 곳으로 가는 길이냐?
네가 눈 곳간에 들어가 보았느냐?
우박 창고를 보았느냐?

누가 홍수를 위하여 물길을 터 주었느냐?
가슴 속에 지혜를 준 자가 누구냐?
수탉에게 슬기를 준 자가 누구냐?
암사슴이 새끼 낳는 것을 네가 본 적이 있느냐?
매가 날개를 치는 것이 너의 지혜로 가능하냐?
독수리가 공중에 떠서 높은 곳에 보금자리를 만드는 것이 너의 명령으로 임함이냐?
산 염소가 새끼 치는 때를 네가 아느냐?

모릅니다, 주님.
제가 그걸 어떻게 알 수 있겠습니까? 산염소가 새끼 치는 때를, 그리고 암 사슴이 새끼 낳을 기한을 저는 모릅니다.

그리고 저는 못합니다.
들소를 매어 이랑을 갈게 할 수도, 써레를 끌게 할 수도 없습니다.

또한 주님, 저는 무지합니다.
주님, 저는 무익하고 힘이 없습니다. 능력도 없습니다.
주님이 질문하신 것, 어떤 것도 대답할 능력도 없고, 알고 있는 것도 없고 할 수 있는 것도 없습니다.

주님, 저는 무지하고 비천합니다.

지금까지 친구들은 집요하게 제가 악인이었음을 공격하였습니다. 그들은 저의 도덕성에 흠집을 내려고 하였고, 결국에는 제가 악인이었음을 인정하고 손을 들 때까지 집요하게 끌고 갔습니다. 그래서 저의 마음에서 친구들을 악인으로 정죄하고 그들이 악인의 멸망에 들어가는 것을 보고 싶게 만들었어요. 함께 악인이 되어가는 것을 피부로 느끼게 되었었지요.

저는 저의 신체적 아픔보다도 그 친구들의 말에 의해 더 큰 상처를 받은 것이 사실입니다. 그들의 변론은 말의 공해였지요. 저에게 위로를 주기보다는 저를 긁어서 스스로 악인이라는 인정을 할 때까지 끌고 갔습니다. 만일 제가 악인인 것을 인정하지 않으면 하나님이 불의한 분이 된다는 논리를 펼치기도 했습니다. 의인을 벌하는 하나님이시라면 하나님이 불의한 분이 아니겠느냐? 그러므로 제가 악인이기 때문에 하나님이 벌을 주시는 것이며, 하나님은 정당한 분이시므로 의인에게는 심판을 하지 않는 분이라는 것을 강력하게 주장했습니다.

아하! 처음부터 제가 침묵하였어야 했는데, 어떤 해결도 보지 못한 채, 친구들과의 변론은 저를 스올 Sheol;음부, 혹은 무덤까지 끌고 갔었습니다. 제가 견디기 어려웠던 점은 제가 한 행동, 도덕적 행동에 흠집을 내면서 저의 인격과 삶, 그리고 믿음까지 송두리째 자신들의 잣대에 의해 비판하는 친구들의 경솔함이었습니다. 적어도 가장 가까운 친구라는 그들이, 저와 그렇게 다정하게 우정을 나누던 친구들의 입에서 그런 독설이 나온다는 것을 저는 믿을 수가 없었습니다. 차라리 제가 침묵하고 있었다면 쓸데없는 일에 이렇게 많은 시간을 낭비하면서 심적 고통을 당하지는 않았을 것입니다.

그런데 하나님께서 저의 앞에 나타나셨어요. 폭풍우 가운데 그분이 나타나셨어요. 저는 비로소 주님을 만난 것입니다. 제가 종교적으로 알던 그분을 비로소 직접 만나 뵙게 된 것입니다. 제가 만난 그분은 창조주 하나님이셨어요. 온 세상을 창조하신 분이셨어요. 제가 알지 못하는 것을 알고 계시는 분이셨고, 제가 할 수 없는 것을 하시는 분이셨고, 제가 있을 수 없는 곳에서 스스로 존재하시는 분이셨어요.

그분은 저를 향한 도덕적 흠집을 내시려는 시도를 하지 않으셨습니다. 단지 그분은 당신이 창조주 하나님이심을 계시하셨을 뿐이에요. 그분 앞에서 비로소 저는 제가 누구인가를 알게 되었어요. 그리고 그분이 진정으로 누구이신가를 알게 되었어요. 그분은 창조주 하나님, 전지전능하시며 무소부재하시며 영원부터 영원까지 스스로 존재하시는 분이셨어요.

지금까지 제가 두려워했던 그분을 참으로 두려워하는 마음으로 만나게 되었어요. 그러나 예전에 제가 가졌던 심판주로서의 두려운 하나님이 아니라 전지전능하셔서서 감히 그 앞에서 어떤 말도 할 수 없으신 분, 영화로우신 그분에 대한 경외심이었습니다.

지금까지 제가 생각하던 하나님, 제가 배워오던 하나님이 아니라 생동감 있고 저와 인격적으로 만나주시는 하나님이셨어요. 그분은 저에게 당신이 만드신 온 우주의 놀라운 창조와 기적을 보여주셨어요.

이렇게 깊고 놀랍고 전지전능하신 분 앞에서 제가 감히 무엇을 말할 수 있으며 대답할 수가 있겠습니까? 저는 그분을 이제 직접 듣고 보고 말하게 되었습니다.

보소서 나는 비천하오니 손으로 내 입을 가리리이다

"욥이 여호와께 대답하여 이르되 보소서 나는 비천하오니 무엇이라 주께 대답하리이까 손으로 내 입을 가릴 뿐이로소이다 내가 한번 말하였사온즉 다시는 더 대답하지 아니하겠나이다" 욥 40:3-5

창조주 하나님과의 변론은 감히 있을 수가 없었습니다. 친구들과 이것저것을 말하면서 변론하던 저는 스스로 입을 다물 수밖에 없었어요. 저는 제가 얼마나 비천하고 작은 존재인지, 그분 앞에서 얼마나 죄인인지 알게 되었습니다. 친구들 앞에서 당당하게 의인이라고 주장하던 제가 이제 주님을 뵙고 알게 되었습니다. 신랑같이 깊이 알게야다 되었지요. 이분과 제가 변론을 한다고요? 그렇게 할 수가 없습니다. 저는 이제 입을 다물어야 할 때입니다. 단지 그분의 경이로운 말씀에 입을 벌리고 감탄을 해야 할 때입니다.

하나님은 저의 도덕성에 대해 말씀하시지 않으셨어요. 단지 당신이 어떤 분이신가를 계시하여 주셨어요.

그분의 소유는 저의 것과 질적으로 근본적으로 달랐습니다.

그분은 온 우주를 만드시고 소유하신 분이셨습니다. 그분은 "온 천하에 있는 것이 다 내 것이라"41:11고 말씀하셨습니다.

그분의 지식은 저의 것과 근본적으로 다른 것이었습니다. 그분의 창조하심은 놀라운 것이었습니다. 그분은 저를 만드신 것과 같이 베헤못 Behemoth;하마로 볼 수 있음을 창조하신 분이셨습니다.

그분의 능력 또한 저의 것과 근본적으로 다른 것이었습니다. 그분은 낚시로 리워야단 Leviathan;악어로 볼 수 있음을 끌어낼 수 있는 분이셨습니다. 그분은 밧줄로 그 코를 꿸 수 있는 분이셨습니다. 그분은 많은 창으로 그 가죽을 찌를 수가 있으시며 작살을 그 머리에 꽂을 수 있는 분이셨습니다.

온 우주를 창조하시고 온 우주를 소유하신 그분 앞에서 제가 무엇을 더 말할 수 있겠으며, 무엇을 더 변론하겠습니까? 감히 제가 의롭다고 말할 수 있겠어요? 창조주 앞에 선 저는 저의 모습을 보기 시작했지요. 한마디로 비천한 존재였습니다. 먼지만도 못한 존재였어요. 친구들과 변론하며 그들과 비교할 때에는 제가 그래도 의로운 자라고 생각했는데 주님 앞에 서게 될 때, 결코 저는 의로운 존재가 아님을 알게 되었어요. 저와 비슷한 사람들과 비교할 때에는 그래도 제가 조금은 나은 것 같았는데 절대적인 의義 앞에 서게 되자 저는 스스로 의롭다고 말한 것이 얼마나 부끄러운 일인가를 알게 되었어요. 저는 마치 진리라는 유리거울 앞에 선 것처럼 더럽고 부패한 저의 의를 적나라하게 볼 수 있었습니다. 참담한 죄악이 제 안에 있는 것을 보고 차마 눈을 뜰 수가 없을 정도였습니다.

저는 의로운 존재도 아니었으며 지식 있는 자도 아니었고, 부요한 자도 아니었으며 선한 자도, 경건한 자도 아니었어요. 저는 교만한 자였으며, 죄인이었으며 먼지만도 못한 더럽고 추한 존재, 비천한 존재였어요. 감히 그러한 존재가 주님 앞에서 변론을 하겠다고 말하였으니 주님이 얼마나 가소롭게 생각하셨을까요?

그동안 저의 내면에 자리 잡고 있었던 불안과 두려움의 이유를 알게 되었어요. 그것은 어떤 의미에서는 죄책감이었습니다. 저의 마음에는 항상 심판에 대한 두려움이 있었습니다. 그러한 심판의 결과로 저의 가정이 가난해지고, 자녀들에게 문제가 생기면 어떻게 할까에 대한 걱정 근심이 항상 저를 따라다니고 있었던 것입니다. 불안과 두려움의 근거는 제가 하나님 앞에서 죄를 지은 죄인이라는 생각과 함께 하나님의 사랑과 용서를 만나지 못했기 때문인 것을 알았습니다.

제가 주님 안에 들어간다는 것, 그리고 주님이 주시는 안식에 들어간다는 것이 얼마나 중요한지 다시 깨달았어요. 저는 참 주님 안에서의 안식을 누리지 못하고 보이는 것들, 가진 것들에 매여 살았던 것입니다. 그래서 평안도 없었고, 안식도 없이 그 많은 재산에 매여 마음의 자유함이 없었던 것입니다. 저는 주님을 만나고 나서 제가 얼마나 헛된 것에 매여서 자유롭게 살지 못했는가를 알게 되었습니다.

이제는 주님께 경배하며 예배하며 살 것입니다. 하나님께서 재산을 주시고 자녀를 주시고 풍요로움을 주셨기 때문이 아니라 마땅히 영광 받으시기에 합당하신 주님을 높여드리기를 원합니다. 그분이 저에게 어떻게 해 주셨기 때문에 예배를 드리는 것이 아니라 그분이 하나님이시므로, 창조주이시므로 마땅히 영광을 받으셔야 하는 분이십니다.

그동안 사탄은 "너를 그렇게 힘들게 만드는 하나님을 찬양할 수 있어?"라고 저를 유혹하였어요. 정말 그런 하나님 "저주하고 죽어버려"라고 폭언을 했던 아내의 말처럼, 저도 솔직히 그런 하나님, 원망하고 죽어버리고 싶었지요. 그런데 저는 영광의 폭풍우 가운데 있는 주님을 만나게 되었어요. 그분은 벌레만도 못한 저에게 나타나주셨어요. 저는 그분의 영광 앞에서, 처음으로 천상의 기름부음을 받게 되었어요. 그분 앞에 서 있는 것만으로도 저는 충분히 천상의 기름부음 안으로 들어갈 수가 있었어요. 그 기름부음이 저에게 부어지는 순간, 저는 하나님을 보았고, 저의 참 모습을 보았습니다.

감히, 제가 이런 분과 변론하자고 하였다니요?
감히, 제가 이런 분의 섭리에 원망을 하였다니요?
감히, 제가 이런 분의 명예를 가리는 논박을 하였다니요?

저는 이제 입을 다물겠습니다.

나의 주, 나의 하나님! 저를 있는 모습 그대로 받아주시는 하나님, 이제 주님 안에 들어가서 안기기를 원합니다.
주님이 주시는 참 안식 가운데 들어가기를 원합니다.

주님과 날마다 대면하며 살기를 원합니다.
천상의 기름부음이 없이 종교적으로 율법적으로 살았던 저를 용서하여 주시옵소서!

내가 스스로 회개하나이다

"욥이 여호와께 대답하여 가로되 주께서는 못 하실 일이 없사오며 무슨 계획이든지 못 이루실 것이 없는 줄 아오니 무지한 말로 이치를 가리는 자가 누구니이까 나는 깨닫지도 못한 일을 말하였고 스스로 알 수도 없고 헤아리기도 어려운 일을 말하였나이다 내가 말하겠사오니 주는 들으시고 내가 주께 묻겠사오니 주여 내게 알게 하옵소서 내가 주께 대하여 귀로 듣기만 하였사오나 이제는 눈으로 주를 뵈옵나이다 그러므로 내가 스스로 거두어들이고 티끌과 재 가운데에서 회개하나이다" 욥 42:1-6

친구들과의 변론이 계속되고 있는 동안 저의 마음은 찢어질 것 같이 아팠고 괴로웠고 억울하였습니다. 친구라는 사람들이 말 같지도 않은 것을 주장하며 저를 악인이라고 단정하려고 밀어붙였기 때문이에요. 적어도 제가 그들보다는 의인이고, 적어도 제가 그들보다는 하나님을 더 알고 있고, 그들보다는 부요하고 지혜로운 자였으며, 사회에서 존경받는 봉사자였습니다. 그래서 그들이 저에게 그런 변론을 할 자격이 없다고 생각했었습니다.

그런데 주님 앞에서 저는 이 모든 것을 내려놓게 되었어요. 제가 안다고 주장할 것도, 선한 일을 하였다고 주장할 것도, 제가 가졌다고 주장할 것도 아무 것도 없다는 것을 알았지요. 주님 앞에서 제가 깨달은 것은 제 자신이 너무 모르고, 너무 어리석고, 너무 교만하고 너무 가난하다는 것입니다. 그것은 귀로만 듣던 주님을 직접 눈으로 뵈었기 때문입니다. "주님을 보는 자가 복되도다"라는 말씀이 떠오르네요. 누구든지 주님을 보는 자가 복되지요. 귀로만 듣던 그 하나님, 그분도 참으로 소중하셨지만, 직접 눈으로 뵙는 주님의 영광은 말로 다 표현할 수가 없었습니다.

그래서 저는 주님 앞에서 회개하였습니다.

그러자 주님은 저의 친구들을 향하여 수소 일곱과 숫양 일곱을 가지고 저에게 가서 저와 자신들을 위하여 번제를 드리라고 명령을 하셨습니다. 그러면 제가 기도를 해 줄 것이라고 말씀하셨지요.

"그런즉 너희는 수소 일곱과 숫양 일곱을 가지고 내 종 욥에게 가서 너희를 위하여 번제를 드리라 내 종 욥이 너희를 위하여 기도할 것인즉 내가 그를 기쁘게 받으리니 너희가 우매한 만큼 너희에게 갚지 아니하리라 이는 너희가 나를 가리켜 말한 것이 내 종 욥의 말 같이 옳지 못함이라" 욥 42:8

아! 드디어 주님이 저를 인정해주셨네요. 제가 한 말이 그들이 한 말보다는 옳다고 말씀해주신 것입니다. 그리고 하나님께서 그들에 대해 말씀하시기를, 하나님께 대하여 그들이 변론한 것이 옳지 않았다고 하셨어요. 이렇게 하나님께서 직접 말씀해주셔서 기분이 좋아지기는 했지만 실상 친구들을 위해 기도하는 일은 쉽지가 않았어요. 그러나 저는 기억해야 했습니다. 우리들이 이 세상에 보내진 것은 그러한 원수들까지도 위하여 기도해야 하는 사명 때문이라는 것을!

정말 저를 푹푹 긁어놓은 친구들을 위하여 기도한다는 것은 쉬운 일이 아니었습니다. 너무 상처가 깊어서 두고두고 그들을 미워하려고 결심했었거든요. 그러나 하나님은 그들이 누구인가를 저에게 가르쳐주셨어요. 하나님 앞에 설 때에 내가 누구인가를 가르쳐 주셨던 것처럼, 그들이 누구인가를 가르쳐주셨어요. 그 친구들은 제가 변론할 대상이 아니라 기도하고 위로해주어야 할 대상인 것을 알게 하셨어요. 누가 나의 이웃입니까? 그들이 저의 이웃이 아니라 제가 그들의 이웃이 되어 주어야 한다는 것을 알게 하셨어요. 제가 그들을 위해 이 세상에 부름을 받았다는 것을 알았어요.

"내가 애굽사람에게 어떻게 행하였음과 내가 어떻게 독수리 날개로 너희를 업어 내게로 인도하였음을 너희가 보았느니라 세계가 다 내게 속하였나니 너희가 내 말을 잘 듣고 내 언약을 지키면 너희는 모든 민족 중에서 내 소유가 되겠고 너희가 내게 대하여 제사장 나라가 되며 거룩한 백성이 되리라 너는 이 말을 이스라엘 자손에게 전할지니라"출 19:4-6

저는 그들을 위하여 기도하였고 하나님은 저의 모든 곤경을 일시에 거두시고 건강을 다시 찾게 하여 주셨어요. 제가 하나님을 만나고 용서를 받은 것만으로는 충분하지가 않았어요. 제가 진정으로 친구들을 용서할 때에 저로부터 모든 질병이 떠나가 버렸습니다. 저에게서 온전한 십자가의 사건이 일어났을 때에 질병은 일곱 길로 떠나버렸어요. 더 이상 질병이 저에게서 있을 장소를 찾지 못하였던 것입니다. 저는 정말 저 자신을 위하여 그들을 용서하고 풀어놓아 주어야 했어요. 그들을 풀어놓아 줄 때에 저도 풀려지는 역사가 일어났어요. 저는 참으로 질병으로부터 자유를, 미움으로부터 자유를 얻게 되었던 거예요. 할렐루야! 사탄은 저에게 질병이 앉아있을 자리를 제공하기 위해 친구들을 옆에 세운 것 같습니다. 그 친구들을 미워하고 원망하면서 질병이 자리잡을 보좌를 굳건하게 세우고 싶었던 거예요. 저는 사탄의 전략을 깨고 드디어 승리하게 되었습니다.

그리고 하나님은 저에게 자녀들을 축복으로 주셨고 모든 이웃들이 달려와서 제가 당한 고난과 재앙에 대해 위로를 해 주었어요. 저는 갈수록 평안을 누리며 살았습니다. 하나님께서 저에게 주신 모든 수를 누리며 살았습니다. 그리고 가장 아리따운 딸들도 선물도 주셨습니다.

이 고난으로 인하여 감사하는 일들

여러분들, 이 긴 저의 고백을 들어주셔서 너무나 감사합니다. 저도 무척 지루하고 괴로웠는데 저와 함께 이 글을 읽어주시면서 격려해주셔서 감사드려요. 저의 고백이 별로 역동성도 없고 다양성도 없었거든요. 단지 지루하고 긴 친구들과의 변론으로 가득 차 있었거든요. 그럼에도 끝까지 읽어주신 여러분들께 깊이 감사를 드려요.

그런데 한 가지 여러분들의 양해를 구해야 할 것이 있어요. 저와 여러분이 이 변론의 길고 긴 터널을 통과하였지만 저도, 저의 친구들도 왜 하나님이 저에게 이런 고난을 주셨는지 그 이유를 발견하지 못했다는 사실이에요. 이 점에 있어서 여러분들께 너무 미안하고 죄송합니다.

그런데 하나님도 직접 속 시원히 그것에 대한 대답을 주시지 않았습니다. 그래서 저는 하나님만이 아시는 어떤 이유가 있을 것이며, 크고 깊은 섭리가 있다는 것만을 인정하기로 했어요. 온 우주를 창조하시고 모든 것을 아시고 계신 주님께서 그 이유를 모르시겠어요? 그리고 이런 고난이 찾아올 때에 하나님의 허락

없이 어떻게 찾아올 수 있겠어요? 저는 이 고난의 이유를 발견하지는 못했지만 적어도 주님이 이 고난을 저에게 임하도록 허락하셨다는 것을 알게 되었어요. 그렇다면 가장 최선의 것, 좋은 것으로 저에게 주시기를 원하시는 주님께서 가장 좋은 목적을 위하여 저에게 이런 고난을 주셨다는 것을 알고 감사하기 시작하였습니다. 만일 이것이 사탄의 공격이었다고 하더라도 하나님은 이런 과정을 '협력하여 선을 이루는 방법'으로 사용하여 주셨고 저에게 너무 큰 유익을 주셨거든요. 그런 하나님께 깊이 감사와 영광을 올려드려요. 그리고 어떤 부분에서 제가 성숙해지고 감사의 열매를 맺었는지 말씀 드리겠습니다.

> "우리가 알거니와 하나님을 사랑하는 자 곧 그의 뜻대로 부르심을 입은 자들에게는 모든 것이 협력하여 선을 이루느니라" 롬 8:28

> "내 아들아 주의 징계하심을 경히 여기지 말며 그에게 꾸지람을 받을 때에 낙심하지 말라 주께서 그 사랑하시는 자를 징계하시고 그가 받아들이시는 아들마다 채찍질하심이라 하였으니 너희가 참음은 징계를 받기 위함이라 하나님이 아들과 같이 너희를 대우하시나니 어찌 아버지가 징계하지 않는 아들이 있으리요 징계는 다 받는 것이거늘 너희에게 없으면 사생아요 친아들이 아니니라" 히 12:5-8

제가 이런 고난을 통해 하나님으로부터 징계를 받은 것이라면 저는 더욱 감사해야 합니다. 하나님께서 저를 사랑하시고 아들 삼아주시고 제대로 신앙생활 하도록 이런 고난을 주신 것이기 때문이지요. 제가 더 이상 사생아가 아니고 하나님의 자녀가 되어 수시로 연단을 받고 징계를 받을 수 있다는 것이 얼마나 즐겁고 감사한지요? 저를 사랑으로 채찍질해 주시는 아버지가 계시다는 것, 그것도 하늘 아버지가 계시다는 것이 얼마나 큰 복인가요? 하나님, 감사합니다. 그리고 사랑합니다.

@ 저는 이 고난을 통하여 **하나님**을 만났습니다

저는 이 고난을 통하여 많은 지혜를 만나게 되었어요. 우선 지혜의 근본 되신 하나님을 새롭게 만났습니다. 이 하나님은 제가 두려워하며 무서워하던 심판의 하나님만은 아니셨어요. 그분은 제가 미워하는 친구들까지도 위해서 빌도록 인도하시는 은혜의 하나님이셨어요. 용서의 하나님이셨어요. 그리고 온 우주를 창조하시고 우주를 다스리시는 분이셨습니다.

그분은 저의 두려움의 대상도 아니고 변론의 대상이 아니고 제가 따지고 추궁해야 할 분도 아니시고 오로지 예배와 경배를 올려드려야 할 대상임을 알게 되었어요. 그분이 무엇을 하셨기 때문에 제가 예배를 드리는 것이 아니라 그분 존재가 영광을 받으시기에 합당하신 분이기 때문입니다.

그 하나님은 또한 제가 따지고 원망하고 불평해야 할 대상이 아니라 언제나 감사와 찬양을 올려드려야 할 대상임을 알게 되었어요. 사탄은 언제나 저에게 "너, 이런 고통 가운데에서도 그분을 하나님으로 섬길래?"하고 유혹했지만 이제 제가 깨달았습니다. 그분은 어떤 이유에서가 아니라 단지 영광 받으시기에 합당하신 분이시기 때문에 우리가 예배하는 것입니다. 그분은 바로 지혜 자체이십니다. 그래서 성경에서는 그분을 경외하는 것 자체가 지혜라고 말씀하고 있어요. 그분께 순종하고 그분의 말씀에 따라 사는 것이 가장 큰 지혜이며, 실패하지 않고 승리하는 길입니다. 저는 이 고난을 통하여 지혜 중의 지혜이신 하나님엘소피아 그분을 만났고요. 그분은 이제 저의 인생을 바로 세워주실 분이십니다. 저는 그분이 주신 지혜라는 기초석 위에 저의 인생을 세워나갈 것입니다.

"여호와를 경외하는 것이 지혜의 근본이요 거룩하신 자를 아는 것이 명철이니라 나 지혜로 말미암아 네 날이 많아질 것이요 네 생명의 해가 네게 더하리라" 잠언 9:10-11

@ 저는 이 고난을 통하여 저 자신을 만나게 되었습니다

　참으로 감사한 것은 제가 이 고난을 통하여 진정한 내가 누구인지 발견했다는 것입니다. 실상 저는 저 자신과 대면하기를 두려워하였던 사람이에요. 그런데 감사하게도 친구들과의 변론에서 나 자신의 겉사람을 만나게 되었어요. 스스로 의롭다고 여기면서 스스로 교만하였던 저 자신을 만나게 되었어요. 그렇지만 저는 저의 그런 면을 친구들에게 나타내기가 싫었어요. 끊임없이 가면을 쓰고 친구들과의 변론에서 합리화를 시켜갔을 뿐입니다.

　그런데 친구들 앞에서 그렇게 벗기 싫었던 가면, 저의 자존심이 허락하지 않는 그 가면이 주님 앞에 서는 순간 순식간에 벗겨 내려졌습니다. 하나님 앞에서 저는 진정으로 내가 누구인가를 알게 되었기 때문이에요. 이 세상에서 의롭다고 주장하실 분은 오직 주님 한 분이시며, 저는 아주 비천하고 더럽고 불의한 자라는 것을 깨닫게 되었습니다. 제가 스스로 의롭다고 말한 것이 정말 악인이었음을 알게 되었어요. 친구들의 집요한 변론으로 인하여 저는 제가 얼마나 겉사람이 두꺼운 인간인가를 알게 되었고, 그 겉사람이 교묘하게 오랫동안 숨겨져 있었다는 것을 알게 되었어요. 제가 친구들의 변론으로 인하여 한계에 부딪혔을 때, 저는 다른 이들과 하나도 다르지 않은 부패하고 더럽고 추한 인간임을 알게 되었어요.

그래서 이제는 행복합니다. 제가 누구인지 알았기 때문이에요. 저는 무지하고 능력이 없고 불의한 자이며 죄인이거든요. 소자 중의 소자이며 어떤 힘도, 지혜도 없는 자일 뿐이에요. 그래서 주님의 도움이 필요하고, 주님의 품 안에 들어가 쉴 필요가 있는 존재예요. 저는 저를 찾았습니다. 아니, 주님이 저를 찾아 주셨습니다. 그래서 저는 이제 행복해요. 모든 가면을 벗어버리고 있는 모습 그대로 주님 앞으로, 친구들 앞으로, 가족들 앞으로 나아갈 수 있기 때문이에요. 그리고 더 행복한 것은 저의 이러한 있는 모습 그대로 주님이 의롭다 여기시고 받아주셨기 때문입니다.

하나님이 변론의 대상이 아니고 경배의 대상이라는 것을 깨달은 것처럼, 저도 저 자신을 발견했습니다. 저도 하나님께 대하여 심판을 받을 대상이 아니라 하나님이 사랑하시고자 하는 대상이요, 교제의 대상이요, 축복의 대상이라는 것을 알았습니다. 저는 하나님께서 찾으시는 존재요, 그분이 저로부터 경배 받으시기를 그토록 원하는 존재라는 것을 발견했어요. 제가 조금만 잘못해도 야단치시고 징계하고 벌을 주시는 그런 하나님이 아니라, 저를 그토록 찾으시고 대화하기를 원하시고 사랑과 교제 가운데 들어가기를 원하는 대상이라는 것을 발견했어요. 이러한 깨달음은 저에게 얼마나 큰 삶의 전환을 가져다주었는지 모릅니다. 저는 하나님이 찾으시는 존재, 하나님이 사랑하고픈 존재, 그래서 포기하기를 원하지 않는 존재예요. 이렇게 저는 저를 찾았습니다. 너무 소중한 나 자신을 드디어 찾은 것입니다.

"아버지께 참되게 예배하는 자들은 영과 진리로 예배할 때가 오나니 곧 이 때라 아버지께서는 자기에게 이렇게 예배하는 자를 찾으시느니라" 요 4:23

제가 누구냐고요? 저는 처벌의 대상, 심판의 대상이 아니라 하나님이 교제하기를 원하시며 가까이 하기를 원하시는 사랑의 대상입니다. 하나님이 포기하지 않고 찾으시는 대상입니다.

"너희를 불러 그의 아들 예수 그리스도 우리 주와 더불어 교제하게 하시는 하나님은 미쁘시도다" 고전 1:9

자기 자신을 발견하는 것처럼 위대한 발견이 있을까요? 자기가 누구인가를, 그래서 무엇을 해야 하는 존재인가를 발견한 것처럼 큰 진리가 있을까요? 그 진리로 인하여 저의 인생이 한꺼번에 자유로 들어가게 되었습니다. 막연한 불안감, 어디로 가야 할지, 무엇을 해야 할지 모르는 제가 이제는 영원한 평강 속에 들어가게 되었어요. 그것은 굳건한 성城을 정복한 것이 아니라 저

자신을 제가 찾았기 때문입니다. 영원하신 하나님, 스스로 존재하는 하나님 안에서 제가 저를 찾았기 때문입니다.

@ 저는 이 고난을 통하여 저의 **소명**을 발견하였습니다

그리고 또 하나의 지혜를 깨닫게 되었습니다. 내가 누구 being=존재의 인식 인가를 알게 되자, 저는 내가 무엇을 해야 doing=사역의 인식 하는지를 알게 되었습니다. 저의 소명과 사역을 발견하게 된 것입니다. 저는 주님은 저를 제사장 나라로 선택하시고 아직도 주님 앞에 바로 서지 못한 자들을 위하여 기도하도록 부르심을 받았다는 것을 알았어요. 친구들은 변론의 대상이 아니고 섬김의 대상인 것을 알았습니다. 비로소 친구들이 어떤 존재인가를 알게 되었어요. 제가 누구를 위하여 섬겨야 하며, 제가 어떻게 낮은 자리로 내려갈 수 있는지, 제가 누구의 이웃이 되어야 하는지를 알게 해 주셨어요.

"그러므로 너희는 택하신 족속이요 왕 같은 제사장들이요 거룩한 나라요 그의 소유가 된 백성이니 이는 너희를 어두운데서 불러내어 기이한 빛에 들어가게 하신 이의 아름다운 덕을 선전하게 하려 하심이라" 벧전 2:9

"네 생각에는 이 세 사람 중에 누가 강도 만난 자의 이웃이 되겠느냐 이르되 자비를 베푼 자니이다 예수께서 이르시되 가서 너도 이와 같이 하라 하시니라" 눅 10:36-37

@ 저는 이 고난을 통하여 진정한 **친구**를 만났습니다

저는 이제 친구에 대하여 감사할 수 있게 되었어요. 저는 친구들의 변론에서 "사탄이 따로 없지. 너희들이 바로 참소자들이 아니냐? 결국 너희들은 사탄의 도구가 되어 나를 이렇게 괴롭히는 거야. 아마 너희도 악인의 종말에 들어가고 말이다"라고 속으로 생각하고 있었습니다.

왜 친구들이 이렇게 집요하게 나를 걸고 넘어지는지 알 수가 없었지요. 저는 친구들을 통해 사탄이 일한다는 것을 볼 수가 있었어요. 사탄은 사람을 통해 일을 하기 때문입니다. 사탄은 참소자입니다. 사탄은 거짓말의 아비입니다.

그리고 이번에 깨달은 것은 가장 강력한 사탄의 무기가 '말'이라는 사실입니다. 말을 어떻게 사용하느냐에 따라서 우리들은 사탄의 도구로 즉각적으로 사용되기도 합니다. 남을 정죄하거나

비난하고 비판할 때, 그 말은 사탄의 도구로 사용되기 십상입니다. 하나님은 말씀의 하나님이시지만 사탄도 역시 말을 사용하여 파괴하고 다닙니다. 그것이 바로 거짓말입니다. 사탄은 거짓말의 명수이며, 거짓말의 아비입니다.

거짓말에는 거짓으로 말하는 것, 아부하는 것, 과장하는 것, 비판하고 정죄하는 것, 이간질 하는 것, 오해하는 것 등 모두가 포함됩니다. 어디든지 거짓말이 들어가는 곳에 분열이 생깁니다. 거짓말로 사람들을 선동하고, 사이를 이간질하고, 거짓의 영이 역사하는 곳마다 분열과 파괴, 멸망이 임합니다. 사탄은 모든 힘을 잃어버렸지만 거짓말만은 무기로 가지고 있습니다.

사탄은 그 거짓말을 저의 친구들에게 심어주어 저도 쓰러지게 하고 친구들과의 우정도 파괴하려고 했습니다. 그리고 하나님의 사랑과 신실함을 의심하게 하려고 했습니다. 하지만 우리 주님은 그러한 친구들을 오히려 저에게 유익한 존재로 만들어주셨어요. 그 친구들로 인해 제가 깊고 깊은 수렁에서 저의 본연의 모습을 보게 되었고, 깊고 성숙한 영성으로 다시 태어나게 되었습니다.

저는 저의 친구들에게 감사하고 싶어요. 그렇게 신랄하게 말할 수 있었던 것도 결국에는 저를 위한 것임을 알게 되었지요.

그 친구들은 저의 좋은 영성훈련 교관이었고, 그나마 친구이기 때문에 그렇게 허물없이 저에게 그런 말들을 한 것이라는 생각을 하게 되었습니다. 너무 가까우므로, 그리고 저를 위해서, 그들은 어떻게 해서든지 저를 이 재앙의 늪에서 건지고 싶었던 것입니다. 저의 친구들이 한 때는 너무 미웠고 섭섭하였지만 결과적으로는 그 친구들이 그때, 그렇게 저와 변론을 해 주지 않았다면 아마 저는 죽음으로 저의 인생을 마쳤을지도 모를 일입니다. 친구들의 말 같지 않은 충고가 저를 더 살고 싶은 마음으로 이끌어 갔고 주님과 대면하고픈 마음으로 이끌어 가 주었던 것입니다. 그 참담한 과정 중에 저와 함께 했던 친구들에게 감사를 하고 싶고 그들이 저의 진정한 친구였으므로 그 고난 가운데 함께 하였다고 알게 되었습니다.

@ 저는 이 고난을 통하여 진정한 **샬롬**을 만났습니다

하나님은 두려움의 대상이 아니라 예배의 대상입니다.
저는 처벌의 대상이 아니라 사랑의 대상입니다.
친구들은 논쟁의 대상이 아니라 섬김의 대상입니다.

그렇습니다. 저는 친구들이 변론하거나 논쟁하거나 싸우는

대상이 아니라 섬김의 대상인 것을 알았습니다. 친구들을 미워하였고 친구들을 이해할 수가 없었는데 하나님은 그 친구들을 위하여 빌게 하심으로 저의 사명을 깨닫게 해 주셨어요. 제가 이 세상에 태어난 것은 하나님을 사랑하고^{예배}, 이웃을 사랑하기^{증인의 삶} 위함이었습니다. 친구들, 바로 '너라는 존재들'이 저에게는 섬김의 대상이고 이웃이 되어주어야 하는 대상이라는 것을 깨닫게 되었어요. 그래서 저는 친구들을 위하여 빌었고, 친구들과의 관계에서 샬롬을 얻게 되었어요. 조화로운 관계, 사랑하는 관계, 그것이 곧 샬롬인 것이었습니다.

저는 또한 하나님이 누구이신지 아는 순간 하나님과 샬롬을 얻게 되었습니다. 저는 용서받아야 하는 존재, 사랑받아야 하는 존재, 그리고 경배드리고 예배드려야 하는 존재라는 것을 아는 순간, 하나님께 대한 샬롬을 얻게 되었지요. 하나님께 대하여 막연한 두려움을 가지고 있었는데 그것은 하나님과의 관계가 회복되지 못하고 죄책감 속에 있었기 때문이에요. 제가 그분을 알게 되자 앞으로 다가올 미래도 저에게는 샬롬이 되었어요. 왜냐하면 저의 미래의 주인은 주님이시고, 그분이 선한 길로, 인자한 길로 저를 인도하실 것이기 때문입니다. 모든 시간의 주인이신 주님이 좋은 길을 예비하지 않으셨겠어요? 저는 주님을 믿는 믿음으로 미래를 보기 시작했고, 미래를 누리기 시작했습니다.

"여호와는 나의 목자시니 내게 부족함이 없으리로다 내 평생에 선하심과 인자하심이 반드시 나를 따르리니 내가 여호와의 집에 영원히 살리로다" 시 23:1,6

저는 내가 누구인지 아는 순간, 저 자신과의 샬롬을 얻게 되었습니다. 제가 그토록 주님이 찾으시고 사랑하고자 하는 대상인 것을 알았을 때에 저는 큰 샬롬을 얻게 되었어요. 저는 무엇인가 많은 것을 가지고 사회적으로 평판이 좋은 것을 평강이라고 생각했습니다. 그런데 외부적으로 보이는 것들이 저의 영혼을 만족시키지 못한다는 것을 알았지요. 그래서 언제나 불안하고 두려웠습니다. 그러나 진정으로 나를 찾는 순간, 제가 하나님에 의해 사랑받는 대상이며, 찾고 있는 대상이라는 것을 아는 순간, 저는 나의 존재가 얼마나 귀중하고 보배로운 존재인지 알게되었습니다. 그 놀라운 지존자 되시며 창조주 되시는 분이 저를 향한 사랑을 포기하지 않는다는 사실이 저의 자화상을 다시 세워주었습니다.

저는 그렇게 쉽게 생명을 포기해서도 안 되고, 악인이라는 오명을 받아서도 안 되고, 보잘 것 없는 존재라고 비하해서도 안 되는 존재인 것을 깨달았지요. 하나님의 관점으로 저를 보기 시작하자 저는 나와의 샬롬을 갖게 되었어요. 하나님께서 그렇게 목마르게 찾고 있는 존재, 그것이 바로 나라는 사실. 참으로 보배로운 존재가 나라는 사실. 아! 얼마나 귀하고 귀한지요?

"그 후에 예수께서 모든 일이 이미 이루어진 줄 아시고 성경을 응하게 하려 하사 이르시되 내가 목마르다 하시니" 요 19:28

주님의 목마름, 저를 그토록 찾고 싶은 목마름, 이제 제가 그 목마름이 무엇인지 이해한 것이 아닐까요? 저를 찾아주고 싶은 목마름, 얼마나 사랑하는지 알려주고 싶은 목마름, 그 목마름, 그 목마름이 저의 마음에 절실하게 다가오는 것은 제가 그 목마름이 무엇인지 알았기 때문이 아닐까요?

@ 그리고 이 고난을 통하여 **예배자**가 되었습니다

그리고 가장 큰 축복을 만나는 지혜를 허락해주셨습니다. 그것은 바로 예배자의 축복이었습니다. 저는 제가 무엇을 많이 가지고 있다는 것 때문에 하나님과 가까이 하려고 했습니다. 이 많은 것들을 유지해야 했고, 이 많은 것들 위에 더 많은 것을 부어주시도록 주님 앞에 나아갔습니다. 제가 원하는 것들은 모두 보이는 것들뿐이었습니다. 그런데 저는 하나님이 저에게 부요를 주셨기 때문이 아니라 하나님은 무조건 예배를 받으시기에 합당

하신 분이라는 것을 깨달았어요. 그리고 그분을 알고 그분에게 영광을 올려드리는 삶이야말로 가장 큰 축복인 것을 알았어요. 사람들은 "네가 하나님으로부터 그 많은 것들을 축복받았으니 그렇게 하나님을 예배하는 것이지"라고 말하기도 했지만 저는 이제 진심으로 주님 앞에 나아갈 수가 있었거든요. 그분은 저에게 무엇을 주셨기 때문에 영광 받으실 분이 아니라, 영광 받으시기에 합당하신 분이기 때문에 영광을 받으시는 것입니다.

@ 또한 이 고난을 통하여 진정한 **청지기의 의미**를 깨달았습니다

또한 물질에 대한 지혜도 얻었습니다. 저는 제가 훌륭한 사람이라 이렇게 재산이 늘어가고 있다고 믿었습니다. 그것이 저의 공로로 인하여 생긴 것이라는 자부심을 갖고 있었지요. 그런데 이 고난을 통하여 제가 깨달은 것은 주님이 이 물질은 나누고 섬기는 데 도구로 사용하도록 주셨다는 사실입니다. 저는 단지 청지기일 뿐, 모든 만물의 주인은 하나님이실 뿐입니다. 저는 저의 것으로 남에게 나누어준다고 생각하며 교만하였는데 이제는 생각이 바뀌었습니다. 물질은 저에게 하나님을 사랑하고 이웃을 사랑하도록 맡긴 것이며 저는 단지 청지기일 뿐, 열심히 나누고

섬기고 드려야 한다는 것을 알게 해 주셨습니다.

종합적으로 저는 이 고난을 통하여 지혜를 만났습니다. 하나님을 아는 지혜, 나를 아는 지혜, 너를 아는 지혜, 물질을 아는 지혜, 축복을 아는 지혜, 이 모든 지혜를 만나게 되었습니다. 그러나 가장 큰 지혜는 '하나님을 경외하는 지혜' 였습니다. 저는 왜 의인이 이토록 고통을 당할까에 대해 마음 깊은 곳에서 부르짖고 억울하게 생각했는데 지금은 그렇게 분노하지 않습니다. 저의 고난은 왜 의인이 고난 받느냐고 질문하여 답을 얻는 것이 아님을 알았기 때문이지요. 저의 고난은 지혜를 아는 고난, 하나님을 아는 고난, 나를 알고 너를 알게 하기 위한 준비된 훈련의 학교였습니다. 이러한 훈련을 통해 저는 지혜를 만났습니다. 하나님이 누구이신지, 내가 누구인지, 네가 누구인지를 깨닫는 지혜를 만났습니다.

의인이 아니라고 하여도, 악인이라고 할지라도 이러한 훈련의 과정은 필요한 것 같습니다. 왜냐하면 이러한 아픔이 있었기에, 하나님을 알고, 나를 알고, 너를 아는 축복에 들어갈 수가 있기 때문입니다. 단순히 저의 부요함을 자랑하고 즐기라고 주신 것이 아니라 제사장의 마음으로 거룩한 백성의 신분으로 이웃을 돕도록 주셨음을 깨닫게 되니 너무 감사합니다.

@ 주님은 저의 두려움을 **치유**하여 주셨습니다

그래서 저는 더 이상 하나님이 저를 심판하실 것이라는 두려움에 떨지 않습니다. 더 이상 이 물질이 사라질 것이라는 두려움도 없습니다. 왜냐하면 이 물질이 축복의 통로로 사용될 것이기 때문이며 이 물질이 저의 소유가 아니고 하나님께서 맡기신 것이기 때문입니다.

또한 이웃의 평판에 대한 두려움으로부터 자유하게 되었습니다. 앞으로 저는 이웃이 어떤 말을 하든지 침묵할 것입니다. 그리고 이웃에 대하여 부당한 비난이나 험담을 하지 않을 것입니다. 그러한 말의 홍수와 공해로 인해 저는 너무 상처를 받았고, 정작 제가 해야 할 일들을 놓쳐버렸기 때문입니다. 저는 그때 친구들과 변론을 하지 않고 하나님의 임재를 기다리며 감사하며 찬양을 해야 했었습니다. 저는 더 이상 그러한 말의 공해로 인해 제가 해야 할 일을 손해 보지 않을 것입니다. 저의 창조적 에너지를 그곳에 소비하지 않을 것입니다. 저는 잠잠히 주님을 바라보며 어떤 상황에서든지 그분을 찬양하고 감사할 것입니다.

@ 저는 이 고난을 통하여 **자기 의**義를 치유 받았습니다

스스로 의롭다고 주장하던 제가 이 고난을 통하여 하나님을 만나게 되었고, 그 하나님 앞에서 저의 의가 참담하게 무너져 내렸습니다. 정말 구더기 같고 걸레 같은 저의 의義, 제가 직접 눈으로 보았고 저는 과감하게 그것을 내려놓았습니다. 스스로 의롭다고 생각하는 종교적 교만이 저를 주님 앞에서 서지 못하도록 하였고, 그래서 저는 더욱 깊은 교만에 빠지게 되었던 것입니다. 저에게 이런 의가 남아있는 한, 저는 믿지 않는 자와 다를 바 와 없으며 하나님도 기뻐하시지 않을 것입니다. 저는 이러한 더러운 자기 의를 믿음으로 치유 받았습니다. 주님은 저의 있는 모습 그대로 받아주셨고 의롭다 여겨주셨어요. 저는 스스로 의롭다고 여기는 교만으로부터 치유를 받았으며 자유함을 얻게 되었어요. 그래서 저에게 이런 고난을 허락하신 하나님께 모든 영광을 올려드립니다.

@ 저는 이 고난을 통하여 진정한 **안식**을 찾았습니다

이제 저는 가장 중요한 부분을 여러분들과 나누고 싶습니다. 제가 하나님을 만나게 되면서 그 전과 그 후를 비교하게 되었습니다. 정말 저에게는 획기적인 변화가 있게 되었습니다. 주님을 만나기 전에는 많은 것을 가지고 있고 형통하고 명예가 있으며 칭찬을 받는 사람임에도 불구하고 저의 마음은 쉴 날이 없었습니다. 언제나 불안하고 두렵고 무서웠습니다. 그것들이 어디로부터 오는지 확실히 알 수는 없었지만 항상 불안하였습니다.

그런데 주님을 만나고 나서 저는 참 안식^{메누하}이 어떤 것인지 알게 되었습니다. 참 안식은 하나님이셨습니다. 하나님 안에 들어가면 우리는 영원한 안식을 누릴 수가 있어요. 하나님 밖에 있기 때문에 우리가 두렵고 떨리고 불안했던 것입니다.

양이 목장 안에 있으면 두려워할 필요가 없어요. 아기가 엄마 품에서 젖을 먹을 때에는 두려워할 필요가 없습니다. 사랑이 없기 때문에 두려운 것입니다. 사랑이 없는 곳에는 심판이 있고 정죄가 있기 때문입니다.

"사랑 안에 두려움이 없고 온전한 사랑이 두려움을 내쫓나니 두려움에는 형벌이 있음이라 두려워하는 자는 사랑 안에서 온전히 이루지 못하였느니라" 요일 4:18

저는 왜 안식일을 지켜야 하는지 알게 되었습니다. 하나님은 우리들이 안식의 주인이신 주님 안으로 들어오기를 원하셨기 때문입니다. 안식은 저에게 있어서 구원과 같습니다. 하나님과 샬롬, 이웃과 샬롬, 나와의 샬롬이 있을 때 얻는 이 안식은 저에게 진정한 구원의 역사입니다. 모든 것을 가졌지만 마음의 안식이 없다면 아무 것도 아닙니다. 모든 권력을 가졌다고 하여도 심령의 안식이 없으면 아무 것도 아닙니다.

안식을 누리는 자는 일하면서도 쉬고 쉬면서도 쉽니다. 이러한 능동적 안식, 하나님이 그토록 주시기를 원하는 안식, 그분이 목마르도록 주시기를 원하는 이 안식, 저는 이 고난을 통하여 이 안식을 선물로 받았어요. 이 안식은 저에게 단순히 일로부터 쉬는 안식이 아니라 적극적으로 주님과 교제하며 사랑을 나누며 그분을 찬양하며, 그분을 누리는 안식이에요. 제가 이 안식에 들어갔다는 것이 너무 감사하고 감사해요. 이 안식이 없을 때, 저의 모든 생활은 아무 것도 아니었습니다.

"나는 안식일의 주인이니라" 마 12:8

이제부터 저의 삶은
욥기 42장의 삶으로 계속될 것입니다!

"욥이 그의 친구들을 위하여 기도할 때 여호와께서 욥의 곤경을 돌이키시고 여호와께서 욥에게 이전 모든 소유보다 갑절이나 주신지라 이에 그의 모든 형제와 자매와 이전에 알던 이들이 다 와서 그의 집에서 그와 함께 음식을 먹고 여호와께서 그에게 내리신 모든 재앙에 관하여 그를 위하여 슬퍼하며 위로하고 각각 케쉬타고대 화폐 단위 하나씩과 금 고리 하나씩을 주었더라 여호와께서 욥의 말년에 욥에게 처음보다 더 복을 주시니 그가 양 만 사천과 낙타 육천과 소 천 겨리와 암나귀 천을 두었고 또 아들 일곱과 딸 셋을 두었으며" 욥 42:10-13

저의 모든 생활은 이제 회복이 되었습니다. 낙타도, 소도, 양도 그전처럼 저의 주위에서 북적거리고, 아들과 딸도 얻고 이웃들의 사랑과 교제도 얻었습니다. 몸도 완전히 치유되었습니다. 기력도 다시 회복되었고 생활하는 데 더 역동성이 생겼습니다. 나이는 점점 들어가지만 속사람은 더욱 더 강건해지고 새로워지는 것 같습니다. 날마다 기름부음 가운데 거함으로 속사람도 신선해지고 관계도 더욱 신선해져 가고 있습니다.

날마다 새로워요.
날마다 기뻐요.
날마다 행복해요.

날마다 즐거워요.

날마다 풍요해요.

날마다, 날마다 천국을 누려요.

날마다, 날마다 평강과 자유를 누려요.

날마다, 날마다 생명을 누려요.

날마다, 날마다 잔치해요.

날마다, 날마다 찬양하며 춤을 추어요.

참으로 오랜 터널을 거쳐 이 자리에 왔습니다만 저는 예전의 행복을 그리워하지 않습니다. 왜냐하면 지금의 행복이 너무 깊고 크기 때문이에요. 그리고 예전의 행복은 사라질 것 같은 행복이었으며 실체가 없이 그림자 같은 행복이었어요. 그래서 불안하고 두려웠습니다. 저는 이제 두려워하지 않습니다. 이제는 그림자를 붙잡은 것이 아니라 실체이신 하나님께 붙잡혔기 때문입니다.

저는 깨달았습니다. 얼마나 많이 소유하고, 얼마나 많이 이웃으로부터 칭찬을 받느냐가 중요한 것이 아니라 얼마나 주님과 깊이 대면하고 기름부음을 받고 사는가가 중요하다는 것을 깨달았어요. 그래서 저는 기름부음이 없을 때, 종교적으로 살았을 때로 다시 돌아가고 싶지 않습니다. 지키기 위해 애를 쓰고, 그럼에도 불구하고 항상 불안했던 그 시점으로 다시 돌아가고 싶지 않습니다.

저의 인생에서 가장 행복했던 시간은 제가 주님 앞에 섰을 때 였어요. 주님이 저의 앞에 계셔서 저와 만나주시던 그 시간을 잊을 수가 없어요. 그 순간에 저는 모든 인생의 문제가 한꺼번에 풀렸습니다. 답답하던 저의 마음에 한줄기 빛이 들어오면서 제가 갖고 있는 모든 문제들이 확 풀리는 것을 알았습니다.

그리고 참으로 소중한 저를 발견하고 이제 건강하게 살아가고 있습니다. 날마다 저는 주님 앞에서 기쁨의 기름부음을 받고 살아가고 있습니다.

저의 삶은 이제 욥기 42장의 삶으로 계속될 것입니다.

주님과의 만남이 있는 인생,
내가 누구인가를 아는 인생,
내가 무엇을 해야 하는가를 아는 인생,
내 인생의 목적이 어디 있는가를 아는 인생,
그리고 주님으로부터 언제나 천상의 기름부음을 공급받는 인생,
날마다 주님을 호흡하며 사는 인생,
날마다 주님 품 안에서 즐기며 안식하며 사는 인생,
주님의 거룩함을 옷 입듯 입고 사는 인생,

성결을 옷으로 삼고, 거룩을 양식으로 삼은 인생,
친구들을 축복하고 그들을 위하여 기도하며 살아가는 인생,
주님을 향하여 날마다 찬양하며 사는 인생,
고아와 과부들에게 하나님의 사랑을 나누어주며 사는 인생,
생명의 말씀의 산 떡을 먹는 인생,
하나님을 찬양하며 하나님만을 추구하며 사는 인생,
영원한 곳에서 다시 주님과 함께 곡도 없고 슬픔도 없이 해같이 빛나게 살 것을 소망하며 사는 인생,
날마다 신선한 기름부음으로 충만한 인생.
다시는 죽고 싶은 생각이 아니라 살고 싶은 생각, 춤을 추고 싶은 생각, 기쁨을 나누며 살고 싶은 생각으로 살아가는 인생,
이웃들이 너무 행복해 보인다고 그 이유가 무엇이냐고 물어보는 인생,
그 어느 누구도 원망하거나 비난하지 않고 사랑하며, 축복하며, 위로하며 사는 인생,
저는 결코 이 인생을 다시는 *빼앗기지 않을 것입니다.*

저는 여러분들도 이 기름부음에 들어오기를 권면합니다. 모든 물체에도 기름이 필요하듯이 우리는 천상으로부터 부어주는 기름부음이 없다면 이 삭막하고 율법적인 인생에서 헤어 나올 수가 없습니다. 기차가 달릴 때에도 기름이 필요한 것처럼, 우리 인생에 천상으로부터 오는 기름부음이 있을 때에만 이렇게 노래

하며 즐거워하며 살아갈 수가 있습니다.

저는 결코 이 인생을 포기하지 않을 것입니다. 그리고 이 행복을 빼앗기지 않을 것입니다. 언제나 주님을 대면하며 살 것입니다. 언제나 주님의 영광을 바라보며 살겠습니다. 주님의 영광이 있는 곳에 기름부음이 풍성하고, 즐거움의 기름부음이 풍성하게 부어지기 때문입니다.

저는 결코 이 인생을 저만 누리지 않겠습니다. 저는 저를 만나는 모든 이들에게 이러한 인생이 있음을 알릴 것이며, 저에게 호흡이 있는 한, 이 놀랍고 축복받은 인생을 증거할 것입니다.

저의 남은 인생은 욥기 42장의 연속입니다. 여러분들에게도 이러한 축복이 임하기를 바라며, 저의 인생이 이 축복을 전해주는 보배로운 통로가 되기를 기도합니다.

긴 이야기를 함께 읽어주신 모든 분들께 깊은 감사를 올려드립니다. 저의 집은 언제나 여러분들을 환영하고 있으며 좋은 차 tea를 준비하고 기다리겠습니다. 차를 마시며 욥기 42장의 삶의 행복을 함께 나누게 되기를 기대해요.

오늘은 날씨가 무척 상쾌하군요. 노을이 참 아름다운 저녁입니다. 이제 저의 펜을 멈추어야 할 때가 왔네요.

저는 여러분들에게 평생을 장수하며 축복을 나누며 하나님을 찬양하며 사는 삶이 펼쳐지기를 기도합니다. 그리고 평강에 평강을 더하시는 주님, 믿음에 믿음을 더하여 주시는 주님, 기쁨에 기쁨을 더하여 주시는 주님이 언제나 여러분들의 찬양을 받게 되기를 아울러 기도합니다.

그리고 갑자기, 생각지도 않게 여러분들에게 이러한 고난들이 찾아올 때에 저를 기억해 주세요. 그리고 그럼에도 불구하고 주님을 찬양하고 감사하세요. 또한 잠잠히 주님만을 바라보며 그의 선하시고 인자하신 섭리에 감사하세요. 그리고 그분의 임재를 즐기십시오.

그렇다면 여러분에게 찾아온 고난은 여러분에게 영원한 행복을 주는 친구가 될 것입니다. 그러므로 허락도 없이 갑자기 여러분의 인생에 찾아온 고난이라는 나그네를 박대하지 마시고 환영하세요. 고난을 환대한다면 여러분에게 새로운 인생이 시작될 것입니다. 그 고난은 여러분에게 성숙과 감사, 그리고 예배의 열매를 주고 갈 것입니다. 그리고 풍성한 기름부음의 인생이 시작될 것입니다.

그리고 친구들과의 변론이 여러분들의 인생을 전부 장식하였다고 하여도 후회하지 마십시오. 그 시간은 여러분을 창조적인 하나님의 백성이 되도록 대가를 지불한 시간이었기 때문입니다. 어떤 시간들도 여러분들에게는 헛된 시간이 될 수 없습니다. 어느 때는 광야학교이기도 하고 어느 때는 바벨론 학교이기도 합니다. 그 대가가 크면 클수록 여러분은 더욱 깊어지고 더욱 넓어질 것입니다.

어차피 우리의 인생은 순례자, 평생을 배우며 살아가야 하는 나그네의 인생입니다. 하지만 그 나그네의 인생, 순례자의 인생이 노래하며 즐거워하며 걸어가는 인생이 되시기를 기도합니다. 주님과 동행하며 그렇게 걸어가십시오.

"내가 나그네 된 집에서 주의 율례들이 나의 노래가 되었나이다"
시 119:54

이제 저는 주님의 안식과 평강이 여러분들에게 영원하기를 기도하며 글을 마칩니다.

이렇게 글을 쓰게 하신 하나님께 영광을 올려드리며
이 글을 읽는 모든 이들에게 주님의 샬롬이 임하기를 기도합니다.

샬롬, 샬롬 그리고 또 샬롬.

2011년 여름에
여러분들의 친구 욥으로부터

글을 마치면서

저는 이 글을 몇 년 전에 써놓았지만 공개하지는 않았습니다. 단지 영성 훈련하는 분들에게만 부분적으로 공개하였을 뿐입니다. 5년 전, 어떤 젊은 대학생이 저에게 "하나님께서 이제 윤남옥 목사님을 통하여 성경을 주석, 강해하기를 원하신다"라고 전해주었습니다. 그러나 저는 그 예언을 받아들이고 싶지 않았습니다. 강해주석하기 위해서는 원어를 알아야 하는데 저는 원어를 배우기는 했지만 실제로 사용하지 않아 다 잊어버린 상태인데다 더욱이 자격이 없다고 생각했습니다. 그런데 하나님은 욥을 일인칭 고백일기로 쓰게 하시면서 드디어 욥을 새로운 차원에서 강해하게 만드셨습니다. 성서 신학적인 관점에서 본다면 강해설교라고 구분되지 않겠지만 내용의 핵심을 알려준다는 의미에서 저는 아주 신선한 전달형식이 되었다고 보고 있습니다.

욥은 읽을 때마다 새롭습니다. 그런데 제가 욥의 이야기를 풀어나가면서 발견한 것은 욥의 전체 내용의 거의 80%가 친구들과의 변론으로 이루어져 있다는 사실입니다. 앞의 3장, 뒷부분의 5장을 빼고는 모두가 친구들과의 변론에 할당되었다는 사실을 발견하였습니다. 그래서 이 긴 이야기가 그냥 읽혀지지 않고 넘어가 버린다는 것도 알았습니다. 왜 이렇게 긴 이야기가 이곳에 들어가 있을까요?

저는 욥을 다시 새로운 각도에서 읽어 내려가면서 그 기간 동안에 욥이 자신을 발견하게 됨을 보았습니다. 대면하고 싶지 않은 자기, 숨어있는 자신, 교만한 자기, 스스로 의롭다고 여기는 자신을 만나게 됩니다.

또한 저는 이 긴 변론을 통해 저의 목회와 비교하여 보았습니다. 저의 목회 역시 긴 기간 동안 사람들과의 변론에 소비한 목회였습니다. 사람들은 저를 비난했고, 저는 그것에 대하여 답변하고 합리화하고 변명하면서 감추어진 저의 겉사람을 숨기고 지내왔습니다. 그리고 또한 저는 다른 이들을 비난하였고 비판하였고 어느 때는 험담하기도 좋아하였습니다. 이렇게 너무나 많은 시간을 말, 말, 말의 공해에 저 자신을 소비해 왔습니다.

그 시간에 기도하고 주님과 대면하고 그분을 찬양해야 하는

데, 저는 너무나 많은 시간에 다른 이들이 저에 대하여 말하는 것에 대해 원통해하고 억울해하고, 부당하다고 생각하고 저를 정당하게 알리려고 노력해 왔으며, 남에 대한 비판과 정죄로 하루하루를 보내 왔습니다. 지금 생각해보면 너무나 많은 시간을 잘못된 곳에 소비, 낭비해왔다는 사실을 깨닫게 됩니다.

그래서 과거 40년 동안 계속된 목회를 한 마디로 정의하라고 한다면 "굵히고 굵은" 시간들이라고 말하고 싶습니다. 실제로 목회다운 목회를 한 것보다는 서로 말도 안 되는 것으로 실랑이를 하고 해명을 하고 상처를 받는 일들의 연속이었던 것입니다.

결국, 내 자신을 주님 안에서 진정으로 발견하기 전까지, 이러한 소모전은 계속된다는 것을 알았습니다. 그러므로 속히 주님과 대면하고 그 임재 안에 들어가서 주님의 음성을 듣지 않는 한, 우리는 계속 비난하는 친구들, 동역자들, 세상 사람들의 이야기에 귀를 기울이며 귀중한 시간을 낭비하게 될 것입니다.

욥과 친구들과의 변론의 시간이 긴 것은 그만큼 욥의 겉사람이 두껍고 두껍기 때문일 것입니다. 이스라엘 백성이 일주일이면 지나갈 수 있는 광야를 40년 동안 배회하였던 것도 바로 그들의 겉사람이 그렇게 두껍고 두껍기 때문입니다.

욥이 그 긴 기간을 거쳐서 주님 앞에 설 수 있었던 것처럼 저도 역시 그 긴 기간을 거쳐 왔습니다. 그래서 저는 마지막으로 욥의 고백을 통해 저도 이렇게 고백하고 싶습니다. 다른 이들을 위하여도 "저는 비난하거나 내 의견을 말하지 않고 침묵하겠습니다" 주님 앞에서도 "저는 침묵하겠습니다" 큰 지혜 앞에서 회개하며 침묵하며 들으며, 그분을 만나기를 원합니다. 그것이 욥이 저에게 가르쳐준 진리였습니다. 하나님을 만나고, 내 자신을 만나고, 너와 만나는 지혜, 그 지혜를 욥은 길고 긴 고통의 터널을 통과하면서 값진 진주처럼 저의 손에 넘겨주었습니다.

또한 가장 중요한 깨달음은 제가 바로 욥이라는 사실이었습니다. 또한 욥의 친구들이 곧 저라는 사실도 알게 해 주셨습니다. 저는 이 깨달음을 여러분들과 나누게 되어 기쁩니다. 그런데 이 귀한 깨달음을 얻기 위하여 제가 40년을 소비하였다는 사실을 알게 됩니다. 그리고 깨닫게 되니 은퇴가 가깝게 되었습니다.

하지만 제가 그 깨달음을 지금 갖게 되었다고 하여도 후회하지 않습니다. 그리고 그 시간들을 잊어버리지 않을 것입니다. 왜냐하면 이렇게 귀하고 보배로운 진주를 발견하기 위하여 많은 것을 지불한 시간이었기 때문입니다. 이 진주가 여러분들에게도 발견되어지기를 바라며 저의 글을 마칩니다.

욥의 일인칭 고백일지가 여러분들 인생을 변화시키기를, 그리고 언제나 욥기 42장의 기쁨으로 신앙생활하시고 목회하시고 승리하기를 기도합니다.

마지막으로 아브라함 헤셀이 한 말을 기억하며 글을 마칩니다.

"영적인 삶의 차원 높은 목표는 지식의 재산을 축적하는 데에 있지 않고 거룩한 순간들을 직면하는 데에 있다. 종교적인 경험에 있어서 사람에게 힘을 주는 것은 물체가 아니라 영적인 대면이다."

(헤셀의 책 『안식일』, 13쪽 중에서)

2011년 7월

윤남옥 목사